내 손 안의 경남 007

불상에 새겨진 경남의 얼굴

내 손 안의 경남 *007*

불상에 새겨진 경남의 얼굴

초판 1쇄 발행 2012년 3월 30일

저자_조원영 ▮ 펴낸이_윤관백 ▮ 편집디자인_양경화
펴낸곳_도서출판 선인 ▮ 인쇄_대덕문화사 ▮ 제본_바다제책
등 록_제5-77호(1998. 11. 4)
주 소_서울시 마포구 마포동 324-1 꽃마루B/D 1층
전 화_02)718-6252/6257 ▮ 팩 스_02)718-6253 ▮ E-mail_sunin72@chol.com
정가_18,000원

ISBN 978-89-5933-373-8 04900(세트)
ISBN 978-89-5933-516-9 04900

■ 저자와의 협의에 의해 인지 생략.
■ 잘못된 책은 바꾸어 드립니다.

내 손 안의 경남 007

불상에 새겨진
경남의 얼굴

| 조원영 |

선인

머리말

불상은 불교의 예배 대상을 눈으로 볼 수 있도록 조형 매체를 통해 표현한 조각상을 말한다. 엄격한 의미로는 부처의 존상만을 의미하지만 넓은 의미에서는 부처의 상뿐만 아니라 보살상, 천왕상, 나한상, 조사상 등을 모두 포함한다.

이러한 불상을 찾아가는 여행은 우리 선조들의 얼굴, 그 원형질을 찾는 작업이다. 삼국시대에 불교가 전래된 이래로 우리나라 곳곳에는 수많은 불상들이 제작되었다. 돌이나 청동, 철, 나무 등 만드는 재료는 다양하지만 불상에는 각 시대마다 그 시대를 대표하는 얼굴이 표현되어 있다. 그리고 만든 장소에 따라서 그 지역의 표정이 반영되어 있다.

불상이 처음 만들어진 것은 석가모니가 인도에서 불교의 진리를 전하고 열반한 지 약 500여 년이 지난 기원 전후시기였는데, 이미 돌아가신 부처의 모습을 확인할 수는 없었을 것이다. 그래서 불상은 인도의 간다라 지역에서는 그리스 사람의 모습으로, 마투라 지역에서는 인도 사람의 모습으로 탄생하였던 것이다. 이처럼 불상은 시대의 얼굴, 지역의 얼굴을 살펴볼 수 있는 귀중한 자료이다.

불상은 보는 사람마다 그 불상에 대해 느끼는 감정이 다르다. 또 같은 불상이라도 볼 때마다 그 느낌에 미묘한 차이가 있다. 그것은 글로써 쉽게 표현할 수 있는 그런 느낌이 아니다. 사람에 따라서, 그리고 보는 순간에 따라서 불상은 다양한 모습으로 우리를 마주 대하고 있는 것이다.

한 일 년 가까이 주말이면 불상을 보기 위해 경남의 이곳저곳을 찾아다녔다. 필자가 찾은 불상은 도심 속의 절에 모셔져 있기도 했지만 대부분은 깊숙한 산속에 있는 절의 불전이나 원래의 절을 잃어버리고 노천에 놓여 있었다. 도심을 벗어나 불상을 찾아 떠나는 여행은 독실한 불교신자가 아니라 하더라도 충분히 종교적 감흥을 느낄 수 있을뿐더러 아주 낭만적이고 매력적인 여정이었다.

그곳에서 경남의 얼굴을 만났다. 때로는 위엄 있는 모습으로, 때로는 정겨운 인상으로, 또는 약간은 찡그린 듯한 표정으로 중생을 굽어보고 있는 많은 얼굴들을 보았다. 얼굴에 나타난 표정들은 불상마다 독특한 개성을 지니고 있었다. 불상의 얼굴은 그 불상의 특징을 나타내는 요소 중의 하나인 것이다.

처음 이 작업을 시작할 때는 경남지역의 불상이 다른 지역의 불상과 비교해서 보편적인 양식은 무엇이고 또 어떤 다른 특징을 지니고 있는가 하는 것을 찾아보려고 했다. 그렇지만 다른 지역의 불상에 대한 총체적인 이해 없이는 쉽게 답을 구할 수 없는 과제라는 것을 절감하게 되었고 결국 만족할 만한 결과를 이끌어내기에는 많이 부족하다는 것을 느낀다. 다만 경남지역의 불상을 통해서 지역의 얼굴을 시대에 따라서 살펴보았다는 점에서 나름의 의미는 있었던 것 같다.

경남의 불상을 전부 다 조사한다는 것은 어려운 일이었다. 조사기간의 문제도 있었지만 그 불상이 갖는 역사적 의미도 중요하기 때문이다. 그래서 역사성이나 미술양식으로 중요성을 인정받은, 문화재로 지정된 불상을 택하기로 하였다. 사전 조사를 통해 선정한 139구의 불상을 대상으로 현지를 직접 답사하면서 조사하기로 했다.

현지 조사에서 중요한 작업 가운데 하나는 불상의 촬영이었다. 사실 불상을 모시고 관리하고 있는 절의 주지 스님을 찾아서 충분히 작업의 내용을 설명하고 허락을 얻어서 촬영을 하는 것이 기본이다. 그러나 불상 조사 일정은 꽉 짜여진 여러 가지 일들로 인해 충분한 시간 여유가 없었다. 하나의 시·군을 정하여 조사를 하러 다녔는데 한 지역에 가면 하루나 이틀 사이에 그곳의 불상들을 다 조사해야만 했다.

그러다 보니 어쩔 수 없이 절을 지키는 스님들께 예를 갖추지도 못하고 법당에 들어가 모델이 되어주신 부처님께만 삼배를 올리는 무례를 범하기도 했다.

때로는 스님과 마주칠 기회가 있어 반갑게 인사하면서 융숭한 대접을 받기도 했지만, 그나마 무뚝뚝하지만 부처님 사진 촬영을 허락받는 것만으로도 다행인 경우도 있었다. 최악의 경우는 주지스님을 대면해서 취지를 설명하고 허가를 구해도 서부낭하고 쫓겨나는 때였다. 그런 스님 네의 야박한 행동을 접하면서 자비 충만한 절집에서 그 정도의 아량도 기대할 수 없는 현실이 안타까웠다. 현지 조사 후 촬영을 거부당한 불상을 포함하여 제외할 대상을 추려서 책에 실을 100구의 불상을 선정하였다.

책에 수록된 사진은 대부분 직접 촬영한 것이지만 조사당일 사찰의 의식행사가 있어 촬영을 하지 못한 몇몇 자료는 문화재청 홈페이지, 양산시청, 경상문화재연구원 조재영 선생의 자료 협조를 얻었다. 지면을 빌어 감사의 마음을 전한다.

이 글은 창원대학교 경남학연구센터에서 경남이 가진 다양한 면을 소재로 하여 경남을 제대로 이해하고자 하는 〈내 손안의 경남〉 시리즈의 하나로 기획되었다. 이 글로 경남지역의 불교가 남긴 위대한 문화유산, 불상을 제대로 설명했다고 생각하지는 않는다. 글로 못 담은 이야기는 경남의 불상을 직접 만나보고 그곳에서 무한한 신심과 감상의 즐거움을 느끼는 독자 여러분들 각자가 간직할 여백으로 남기고 싶다. 또 이 책에 실린 불상 사진자료를 통해서 경남의 얼굴을 조금이나마 느낄 수 있다면 과분한 영광이겠다.

책 발간에 큰 도움을 주신 경남학연구센터 구산우 센터장님과 이창현 조교 선생님, 흔쾌히 출판을 맡아주신 도서출판 선인의 윤관백 사장님과 출판사 가족분들, 일일이 거명하지는 못하지만 불상 사진 촬영을 기꺼이 허락하신 많은 사찰 관계자분들께 진심으로 감사드린다. 또한 경남 각 지역의 불상을 찾아 험한 길 마다않고 따라나선 아내 최구희에게도 고마운 마음 늘 간직하고 있다.

불상에 새겨진 경남의 얼굴
내 손 안의 경남 007

머리말 _4

1. 거제의 불상 _11
오량석조여래좌상 | 외포리 석조약사여래좌상 | 세진암 목조여래삼존불좌상

2. 거창의 불상 _21
양평리 석조여래입상 | 상림리 석조보살입상 | 가섭암지 마애여래삼존입상 | 농산리 석조여래입상 | 심우사 목조아미타여래좌상 | 고견사 석불 | 송림사지 석조여래좌상 | 강남사지 석조여래입상

3. 고성의 불상 _47
양화리 석조여래좌상 | 교사리 삼존석불 | 보광사 목조대세지보살좌상

4. 김해의 불상 _59
진영 봉화산 마애불 | 초선대 마애석불 | 구산동 마애불 | 선지사 목조아미타여래좌상

5. 남해의 불상 _69
용문사 석불 | 용문사 목조지장시왕상 | 용문사 목조아미타삼존불좌상 |

화방사 석조석가삼존십육나한상

6. 밀양의 불상 _81

무봉사 석조여래좌상 | 천황사 석조비로자나불좌상 | 표충사 석조석가여래좌상 | 표충사 목조관음보살좌상 | 표충사 석조지장보살반가상 | 부은사 석조아미타불좌상 | 여여정사 목조관음보살좌상

7. 산청의 불상 _103

석남암사지 석조비로자나불좌상 | 단계리 석조여래좌상 | 도전리 마애불상군 | 율곡사 목조아미타삼존불좌상 | 정취암 목조관음보살좌상

8. 양산의 불상 _119

용화사 석조여래좌상 | 미타암 석조아미타여래입상 | 가산리 마애여래입상 | 원효암 석조약사여래좌상과 복장유물 | 원효암 마애아미타삼존불입상

9. 의령의 불상 _135

중교리 석조여래좌상 | 백련암 목조보살좌상과 복장유물 일괄 | 수도사 석조아미타여래삼존상과 복장유물 일괄 | 천지사 석조여래좌상

10. 진주의 불상 _147

산청 사월리 석조여래좌상 | 월명암 목조아미타여래좌상 | 응석사 목조석가여래삼불좌상 | 청곡사 목조석가여래삼존좌상 | 청곡사 목

조지장보살삼존상 및 시왕상 일괄 | 용암사지 석불 | 평거석조여래좌상 | 고산암 석조비로자나불좌상 | 성전암 목조여래좌상 | 연화사 목조아미타여래좌상 | 상평동 석조여래입상

11. 창녕의 불상 _181

송현동 마애여래좌상 | 관룡사 용선대 석조여래좌상 | 관룡사 석조여래좌상 | 통도사 창녕 포교당 목조석가여래좌상 | 삼성암 목조관음보살좌상 | 도성암 석조아미타여래좌상 | 청련사 목조아미타삼존여래좌상

12. 창원의 불상 _205

불곡사 석조비로자나불좌상 | 용화전 석조여래좌상 | 삼정자동 마애불 | 성주사 관음보살입상 | 마산 광산사 목조보살좌상 | 마산 법성사 목조보살좌상

13. 통영의 불상 _223

용화사 목조지장시왕상 | 안정사 석조석가삼존십육나한상 | 안정사 목조지장시왕상

14. 하동의 불상 _233

쌍계사 목조석가여래삼불좌상 및 사보살입상 | 정서리 석조여래입상 | 이면산 마애석조여래좌상 | 하동 금오산 마애불 | 쌍계사 마애불 | 청룡리 석불좌상 | 금성사 목조보살좌상

15. 함안의 불상 _253

대산리 석조삼존상 | 방어산 마애약사여래삼존입상 | 장춘사 석조여래좌상

16. 함양의 불상 _263

덕전리 마애여래입상 | 교산리 석조여래좌상 | 법인사 목조아미타여래좌상 | 이은리석불 | 승안사지 석조여래좌상 | 극락사지 석조여래입상 | 용산사지 석조여래입상 | 대덕리 마애여래입상 | 용추사 지장시왕상 | 안국사 목조아미타여래좌상 | 상연대 목조관음보살좌상 | 백운암 목조아미타여래좌상 | 안국사 목조관음보살좌상

17. 합천의 불상 _303

치인리 마애여래입상 | 해인사 석조여래입상 | 청량사 석조여래좌상 | 해인사 건칠희랑대사상 | 해인사 대적광전 비로자나불삼존상 | 해인사 법보전 비로자나불좌상 | 대동사지 석조여래좌상 | 죽고리 삼존석불

참고문헌 _333

문화재로 지정된 경남의 불상 목록 _336

1
거제의 불상

오량석조여래좌상
외포리 석조약사여래좌상
세진암 목조여래삼존불좌상

오량석조여래좌상

경상남도 거제시 사등면 오량리 74-3
경상남도 유형문화재 제48호
1972년 2월 12일 지정

 이 불상은 1950년경에 오량리 절골에 있던 벽암사^{지금의 신광사}의 아래쪽 논에서 출토되었다고 전한다. 불상의 높이는 92cm로 거제도에서 이른 시기에 제작된 큰 불상이 나온 것은 드문 일인데, 1170년 고려 의종이 거제도에 폐왕성(廢王城)을 쌓고 3년간 머물면서 만들었다는 설이 전해진다. 현재는 신광사의 석불암에 봉안되어 있다.

 불상은 어깨를 편 상태이며 상체는 꼿꼿하게 세운 자세로 결가부좌(結跏趺坐)하고 있는 좌상이다. 어깨가 각이 져서인지 불상의 신체는 딱딱하고 경직된 모습이다. 넓은 어깨에 비해 허리는 가늘게 표현하였으며 상체는 약간 길어 보인다. 그에 비해 하체는 무릎 폭이 넓어서 안정감을 주지만 신체의 비례는 알맞지 않아 어색한 느낌을 준다. 소발(素髮)의 머리에 육계(肉髻)가 큼직하게 표현되어 있다. 얼굴은 둥글고 이마는 좁은 편인데 안면이 심하게 훼손되어 불상의 표정을 확인할 수 없다.

 목에는 삼도(三道)가 표현되어 있으며 옷차림은 오른쪽 어깨를 드러낸 우견편단(右肩偏袒)의 형식을 취하고 있다. 오른손은 무릎 아래로 내리고 왼손은 손바닥을 펼쳐 무릎 위에 올려놓은 항마촉지인(降魔觸地印)을 하고 있다. 왼팔은 신체와 붙어 있으나 오른팔은 가슴 옆구리에서 떨어뜨려 사이에 공

간을 두었다.

　불상의 대좌(臺座)는 중대석을 잃어버려 새로 끼워 넣었으며 상대석은 위로 향한 연꽃문양이 새겨져 있고, 하대석은 아래로 드리운 연꽃문양이 새겨져 있는 통일신라시대 이래의 연화대좌 형식을 따르고 있다.

　이 불상은 신체의 비례나 세부 표현에서 다소 어색하고 기술적 미숙함이 드러나지만 통일신라시대 불상의 양식을 반영한 고려시대 작품이며 거제지역에서 흔치 않은 비교적 큰 규모의 두리새김 불상이라는 점에서 불교미술사 연구에 중요한 자료로서의 가치가 있다.

외포리 석조약사여래좌상

경상남도 거제시 일운면 지세포리 1347-1
경상남도 유형문화재 제455호
2007년 9월 6일 지정

원래 이 불상은 장목면 외포리 소계마을 위쪽의 언덕 경사면에 인공 석굴 안에 봉안되어 소계마을의 수호신으로서 주민들의 기복신앙 대상이 되어왔으나 도난 및 훼손의 우려가 있어 2007년 8월 일운면 지세포리의 영은사로 옮겼다. 불상의 높이는 약 72㎝이다.

이 불상은 하나의 돌에 불상과 광배(光背)를 모두 돋을새김으로 표현하였다. 불상의 안면은 많이 훼손되어 전체적인 윤곽만 확인될 뿐 얼굴의 표정을 파악하기 어렵다. 목은 짧아서 삼도는 표현하지 않았으며, 각이 진 어깨는 약간 움츠린 듯이 보인다. 상체는 짧지만 하체는 무릎 폭이 넓고 높아서 신체는 균형미를 잃었다. 법의는 우견편단의 형식으로 표현하였으며 수인(手印)은 항마촉지인인데 왼손으로 약합(藥盒)을 받쳐 들고 있어 약사여래상임을 알 수 있다. 옷 주름은 계단식 새김으로 단순하고 형식적으로 처리하였다.

광배는 돋을새김으로 머리 광배와 몸 광배를 표현하였고 외곽에는 불꽃무늬를 새겨서 장식하였다. 대좌는 약간의 흔적은 보이지만 제대로 표현되지 않았다.

이 불상은 세부 기법을 확실히 파악하기는 어렵지만 신체에 비해 머리가 크고 옷 주름의 형식적 표현 등에서 고려 말에 제작된 것으로 추정된다. 지방에서 조성된 약사여래상으로서 고려 말 거제지역의 신앙사례를 파악하는 데 자료로서의 가치가 있다.

세진암 목조여래삼존불좌상

경남 거제시 거제면 동상리 270-1
경상남도 문화재자료 제325호
2002년 10월 24일 지정

현재 이 목조여래삼존불상은 세진암 대웅전에 봉안되어 있다. 삼존불(三尊佛) 모두 방형 대좌 위에 결가부좌한 상태인데 대좌는 후대에 따로 만든 것으로 추측된다. 이 삼존불상은 머리, 몸, 팔, 다리 등으로 구분하여 만들어 조립하였으며 몸속에 8경의 다라니(陀羅尼)와 칠보(七寶)가 예쁜 보자기에 싸여

있었다.

본존불은 등을 약간 굽히고 얼굴도 조금 숙인 자세로 결가부좌하고 있다. 어깨는 폭이 좁고 둥글다. 머리는 신체에 비해 큰 편이며 머리카락은 나발(螺髮)로 표현하였다. 머리와 육계의 경계가 없고 머리 중앙에는 중앙계주(中央髻珠), 정수리에는 원통 모양의 정상계주(頂上髻珠)가 표현되어 있다. 얼굴은 방형이며 이마는 넓고 턱이 짧은 편이다. 눈썹 사이에 돋을새김으로 백호(白毫)를 나타내었고 입가에는 미소를 짓고 있어 부드러운 인상을 준다.

목이 짧아서 삼도는 쇄골 부위 아래쪽까지 내려와서 얇게 새겨져 있다. 법의는 두껍게 표현하였는데 통견 형식으로 편삼(編衫) 위에 대의(大衣)를 입은 모습이며 가슴 앞에 U자형으로 벌이진 법의 사이로 수평으로 군의(裙衣)의 상단을 표현하였는데 군의 상단은 띠로 묶고 꽃잎 모양으로 주름을 잡은 모습으로 표현하였다. 오른쪽 발목에서 모아진 군의자락은 양 무릎 사이에서 부채꼴 모양으로 흘러내렸다. 양 손은 따로 만들었는데 양 무릎 위에서 엄지와 중지를 맞대고 있는 아미타여래의 하품중생인(下品中生印)을 표현하였다.

양협시보살의 표현은 크기만 작을 뿐 본존불과 동일한데, 차이점은 머리에 보관을 얹은 것과 두 보살상이 손 모양을 대칭되게 처리한 점이다. 보관은 조성 당시의 것이 아니라 후대에 따로 만든 것으로 추측된다.

불상 내부에서 발견된 복장품(腹藏品) 가운데 발원문이 있었는데, 강희 42년, 즉 1703년 숙종 29 5월에 와룡산 심적암에서 제작하여 봉안하였다는 내용이 있다. 이 불상은 약 50㎝ 크기의 단아한 작품으로 18세기 불상의 특징을 잘 갖추고 있어 조선 후기 불교조각사 연구에 중요한 자료가 된다.

2
거창의 불상

양평리 석조여래입상
상림리 석조보살입상
가섭암지 마애여래삼존입상
농산리 석조여래입상
신우사 목조아미다여래좌상
고견사 석불
송림사지 석조여래좌상
강남사지 석조여래입상

양평리 석조여래입상

경상남도 거창군 거창읍 양평리 479-14
보물 제377호
1963년 1월 21일 지정

양평리 석조여래입상은 거창읍에서 가조면으로 가는 길 근처에 있는 금룡사(金龍寺)에 있다. 원래 이 부근에는 금양사(金陽寺) 혹은 노혜사(老惠寺)라고 부르던 절이 있었다고 한다. 불상의 주위에 주춧돌들이 남아있고, 불상 앞에는 석등(石燈)의 부재가 흩어져 있어 이곳에 절이 있었다는 것을 짐작할 수 있다.

이 불상은 화강암으로 만든 석불입상으로 전체 높이는 3.7m이고, 불상의 높이는 2.75m이다. 불상의 몸과는 따로 마련한 아래로 깔린 연꽃 대좌 위에 서 있는 모습으로 머리 위에는 근래에 제작된 보개(寶蓋)가 얹어져 있다.

머리카락은 소라껍질처럼 표현한 나발의 형태이며, 얼굴은 이목구비가 뚜렷하며 둥글고 원만한 인상이다. 목에는 삼도가 있고, 대의는 얇게 표현되었는데 옷차림은 양쪽 어깨에 옷을 걸친 통견(通肩)이다. 대의는 팔을 휘감고 배에서 U자형으로 흘러내리다가 두 다리에서는 긴 타원형으로 대칭되게 표현하였으며 옷자락 끝을 V자형으로 마감하여 측면에서 주름을 맵시 있게 처리하였다. 옷자락은 몸에 밀착되어 가슴과 허리, 양 다리의 볼륨이 뚜렷이 드러난다. 대의 아래에 입은 군의는 접혀 있는 모습까지 표현하였다.

두 팔은 몸에 붙어 있어 부자연스러워 보이며, 왼손은 검지

를 곧게 펴 가슴 높이로 들고 오른손은 곧게 내려 엄지와 검지로 옷자락 끝을 살짝 쥔 독특한 수인을 맺고 있다. 발밑에는 대좌에 꽂기 위해 만들었을 뾰족한 촉(觸)이 나와 있는데, 대좌는 연꽃 문양만 보이고 그 아래쪽은 땅에 묻혀 있는 상태이다.

이 불상은 몸은 머리에 비해 어깨가 좁고 약간 가늘어 보이지만, 늘씬하고 양감이 잘 표현된 신체에 세련되고 우아한 조각 기법을 보여주고 있어 제작 시기는 9세기경으로 추정된다.

상림리 석조보살입상

경상남도 거창군 거창읍 상림리 696
보물 제378호
1963년 1월 21일 지정

　　상림리에 있는 이 석조보살입상은 화강암으로 만들어졌는데 전체 높이는 3.5m로 상당히 큰 보살상이다. 이 부근에는 건흥사(建興寺)라는 절이 있었다고 하므로 이 절에 봉안되어 있던 보살상으로 추정된다. 머리는 상투를 틀어 머리를 묶고 있으며 원래는 따로 보관을 제작하여 씌웠을 것이지만 현재는 남아있지 않다. 다소 길쭉한 얼굴에는 눈을 가늘게 길게 새겼으며 코는 깨어진 뒤 마멸되어 납작한 상태이다. 입술은 굳게 다문 입을 강조하듯이 윗입술과 아랫입술이 입 가운데에서 붙은 모습으로 표현하였다. 이 보살상의 얼굴은 온화하고 자비로운 인상의 일반적인 보살상과는 상당히 차이가 있다.

　　보살상의 신체를 살펴보면 얼굴에 비해 좁지만 각이 진 어깨에 몸매는 딱딱하게 직립한 자세로 표현되어 통일신라시대 보살상이 가진 유연한 몸매에 비하면 다소 경직된 모습이며, 상체에 비해 하체가 지나치게 빈약하여 균형미를 잃었다.

　　가슴에는 중앙에 세 가닥 치레걸이를 중심으로 바깥으로 각각 하나씩의 치레걸이를 조각한 영락(瓔珞)을 표현하였으며, 몸에 걸친 천의(天衣)는 옷 주름 선이 매우 형식적으로 조각하였다. 허리에는 굵은 허리띠가 있고, 그 아래로는 양 다리에 걸쳐 U자 모양의 옷 주름을 엇갈리게 새겼다. 보살상의 뒷면에도 옷 주름을 비교적 세밀하게 표현하였다.

수인을 보면 오른손은 몸에 바짝 붙여서 물병을 들고 있는 모습이고, 왼손은 가슴 앞에서 연꽃 봉오리를 쥐고 있다. 보살상을 받치는 대좌는 팔각형의 대석(臺石)을 마련하여 그 위에 아래로 누운 연꽃문양을 새겼다.

 비교적 짧은 인중과 긴 턱의 얼굴 모습과 균형이 맞지 않은 신체, 좌우대칭의 형식적인 옷 주름 새김 기법 등을 미루어 보면 고려시대에 제작된 보살상으로 추정할 수 있다.

가섭암지 마애여래삼존입상

경상남도 거창군 위천면 상천리 산6-2
보물 제530호
1971년 7월 7일 지정

　　가섭암지 마애여래삼존입상은 금원산 자연휴양림에 있는 천연동굴 안에 새겨져 있는 불상이다. 삼존불이 있는 바위의 위쪽에 중앙의 꼭짓점을 중심으로 좌우에 아래쪽으로 내려가며 홈을 파서 빗물이 불상 쪽으로 흘러내리는 것을 차단하였으며, 삼존불 주위를 액자처럼 테두리를 지어 오목새김하고 그 안에 삼존입상을 얕게 돋을새김 하였다.

　　중앙에 새겨진 본존불은 민머리에 육계가 큼직하다. 얼굴은 넓적하며 눈과 입은 작은데 코는 삼각형으로 뭉뚝하게 조각하였다. 약간 치켜들면서 움츠린 듯한 어깨, 굴곡 없이 밋밋한 가슴, 부자연스러운 다리와 양쪽으로 벌린 발 등 신체 각 부분의 모습은 상당히 단순하고 단조로운 조각기법을 보여준다. 대의는 통견의 형식인데 간결한 옷 주름 선을 표현하였으며 대의의 하단은 짧아서 양 다리가 길게 노출되었다. 수인은 두 손을 가슴 앞에서 모아 각각 엄지와 검지를 맞댄 중품상생인(中品上生印)을 맺고 있어 불상의 존명(尊名)은 아미타여래로 추정된다.

　　불상 아래의 대좌는 연꽃문양을 새긴 연화좌로 보이는데, 표현 기법이 독특하다. 대좌의 윗면에는 다섯 잎의 위로 향한 연꽃을 조각하고, 대좌의 내부에는 세 잎의 아래로 깔린 연꽃을 조각하였다. 대좌는 전체적으로 방형이지만 위로 향한 연

꽃의 형상으로 보아서는 팔각형의 대좌를 표현하려고 의도했는지도 모른다. 광배는 돋을새김 한 보주(寶珠) 모양의 띠로 머리 광배를 표현하였다.

 본존불 양쪽의 협시보살상은 꽃잎이 가늘고 날카롭게 표현된 아래로 깔린 연꽃무늬대좌 위에 서 있는데 보관의 형식은 삼국시대부디 유행하던 삼산관(三山冠)을 쓰고 있으며 어깨까지 보발(寶髮)을 표현하였다. 좌우로 뾰족뾰족 뻗은 천의자락과 영락장식 등 장식성이 강하며 한 손으로 천의자락을 잡고 있는 자세는 통일신라시대의 보살상의 자세외 비슷하지만 한결 단순하게 표현되어 있다. 본존불이 아미타여래로 추정되므로 보살상들은 관음보살, 대세지보살로 보아도 좋을 것이다.

좌협시보살 옆에 세로 88㎝, 가로 70㎝ 크기로 암벽을 파낸 다음 이 불상의 조상기(造像記)를 해서체로 1행 26자, 총 21행에 540여 글자를 새겼다.

그러나 대부분 마멸되어 정확히 알 수 없는데, 확인되는 글자를 살펴보면 다음과 같다.

若夫赴感福緣照嵒至濟......福法師法曇

〈해석불명〉 ▨복법사(▨福法師) 법운(法雲)

沈苦逆須越 ....風月夜月八日

〈해석불명〉 풍월야월(風月夜月) 8일(八日)

......天慶元年十月節日開而興

천경(天慶) 원년(元年) 10월 절일(節日)

報▨思

〈해석불명〉

念亡母以 恩

죽은 어머니를 생각하니, 은혜가

石山以他......

〈해석불명〉

萬代心......

만대에 이르는 마음(萬代心)

歡喜風雨順時安康

풍우(風雨)가 순조롭고 때가 평안한 것을 기뻐한다.

......」

이 마애삼존불상은 단순하고 경직된 신체 표현에서 고려시대 불상의 특징이 잘 나타나는데, 명문 속에 보이는 천경 원년은 1111년_{고려 예종 6}이므로 불상이 제작된 절대연대를 알 수 있어 고려시대 불상 조각 양식을 파악할 수 있는 매우 중요한 작품으로 평가할 수 있다.

농산리 석조여래입상

경상남도 거창군 북상면 농산리 산53
보물 제1436호
2005년 7월 7일 지정

거창 수승대에서 북상면 방면으로 2km 정도 가다 만나는 농산교를 건너가면 길 오른쪽 얕은 야산의 기슭에 자리 잡고 서 있는 이 불상을 만날 수 있다.

불상의 크기는 2.7m로 꽤 큰 석불이다. 한때는 이곳에도 절이 있었을 것이지만 현재 절의 흔적은 찾아볼 수 없고 이 불상만 남아있다. 불상은 크게 두 덩어리의 돌로 이루어져 있는데, 자연석을 적당히 다듬어 윗면에 두 발을 새겨 놓은 대좌와, 그 대좌에 꽂아서 세울 수 있도록 광배와 불상을 하나로 조각한 돌이 그것이다. 즉 대좌는 펑퍼짐한 돌을 다듬지도 않은 채 두 발만 나란히 새기고 그 뒤로 얕고 긴 홈을 파서 불상을 세울 수 있도록 하였고, 불상과 광배는 하나의 돌로 깎았으므로 함께 붙어 있지만 얼핏 보면 마치 따로 떨어져 있는 것처럼 보이기도 한다.

신체에 비해서는 머리 부분이 다소 큰 편인데 오른편 눈이나 코, 뺨과 입술 쪽에 부분적인 손상이 있지만 이목구비는 충분히 파악할 수 있다. 얼굴은 살이 올라 복스럽고 입가에는 온화한 미소를 담고 있으며 양쪽의 귀도 섬세하게 표현하여 전체적으로 원만한 인상을 보이고 있다.

당당한 가슴과 함께 부드러운 경사를 이룬 유연한 어깨, 잘록한 허리와 날씬한 다리, 얇게 표현한 옷 주름 속에 드러나는

사실적인 몸매는 풍부한 양감으로 불상의 뛰어난 입체감을 잘 보여준다.

양쪽 어깨를 감싼 통견의 옷자락은 상반신에서 몇 개의 U자 모양의 주름을 이루며 내려와서 허리 부분에서 Y자 모양으로 갈라지면서 두 다리 사이로 모아지는 듯하다가 무릎 부분에서 양쪽에 작은 U자를 그리면서 종아리부분에서 큰 V자 모양으로 마무리된다.

이러한 옷자락의 표현법을 우드야나 Udyana 형식이라고 부른다. 이러한 형식은 719년에 제작된 경주 감산사 석조아미타여래입상(국보 제82호)이나 8세기 중엽에 제작된 경주 굴불사지 사면석불(보물 제121호)의 남쪽면의 불상 등 8세기 이후 불상들에서 나타나는 양식적인 특징이므로 이 불상을 만든 시기를 추정해볼 수 있는 근거가 된다.

불상의 광배는 불상 오른쪽 어깨 뒷부분이 모두 깨어져 나갔지만 다른 부분은 크게 손상된 곳이 없다. 다만 심하게 마멸되어 광배의 연꽃문양이나 화불, 화염무늬 같은 미세한 부분은 확인하기 어렵다.

이 불상은 부분적인 손상은 있지만 세련되고 정제된 통일신라시대의 사실적인 조각양식을 잘 보여주는 작품으로 제작된 원래의 장소를 벗어나지 않은 귀중한 불상이다.

심우사 목조아미타여래좌상

경상남도 거창군 거창읍 대동리 703
보물 제1690호
2010년 12월 21일 지정

　이 불상은 거창읍내에 있는 해인사 포교당인 심우사의 법당에 봉안되어 있는 아미타여래좌상이다. 양식적인 특징을 달리하는 현대조각품인 관음·지장보살상을 좌우 협시불로 하여 삼존불의 형식으로 모셔져 있다. 근래에 만들어진 위로 향한 연꽃과 아래로 깔린 연꽃이 조각된 2단의 연화대좌 위에 앉아 있는 좌상의 형태이며, 불상의 상태는 매우 양호하다.

　불상의 모습을 살펴보면 전체적으로 신체에 비해 어깨와 무릎의 폭이 좁고 머리는 큰 편이다. 자세는 등과 고개를 약간 숙여 앞을 내려다보고 있는 형태이다. 양감이 잘 표현된 단정하고 온화한 얼굴에 반쯤 뜬 눈과 오뚝한 코, 입 꼬리를 살짝 올린 입을 표현하였다. 머리는 육계가 따로 구분되어 있지 않고, 머리카락은 나발의 형식이며 반달 모양의 중앙계주와 원통 모양의 정상계주를 표현하였다. 목에는 삼도를 얕게 표현하였다. 양손은 따로 만들어 끼웠고 수인은 아미타불의 구품인(九品印) 가운데 하품중생인을 취하고 있다.

　법의는 이중으로 옷을 입은 통견의 형식이며 오른쪽 어깨에 대의를 걸치고 배 부분에서는 나뭇잎 모양으로 주름진 소맷자락을 표현하였다. 내의는 매듭 없이 허리띠처럼 두 줄의 선으로 처리하였다. 옷 주름은 무릎 부위와 어깨 부위를 중심으로 매우 간략하게 표현하였다.

이 불상은 복장(腹藏)에서 발견된 불상조성기(佛像造成記)가 남아있는데 가로 62㎝, 세로 32㎝ 크기의 한지에 해서체의 붉은 글씨로 적혀 있다. 일부 파악하기 어려운 글자가 있지만 전체 내용을 파악하는 데는 무리가 없다. 이 조성기에 의하면 불상은 숭정 13년, 즉 1640년인조 18에 수화승(首畵僧) 청허(淸虛), 법현 등의 화승(畵僧)이 제작하였고 원래는 거창 덕유산 연수사(演水寺)에 모셔져 있던 불상 가운데 하나였다고 한다.

 청허는 17세기 초·중반에 활동한 조각승으로 수화승을 맡아 제작에 참여한 불상은 이 불상 외에 1645년 상주 남장사 목조아미타여래삼존좌상(보물 제1635호)이 있다. 작품의 특징은 상호가 단정하고, 법의의 옷 주름과 무릎 사이로 늘어진 옷자락을 볼륨 있게 표현하는 점이 특징이다. 즉 상반신에서 흘러내린 옷자락이 오른쪽 발목 위까지 늘어져 무릎 아래로 몇 가닥의 주름으로 퍼지면서 정리되는 표현은 청허 조각의 특징으로 볼 수 있다. 따라서 심우사 목조아미타여래좌상은 상주 남장사 목조아미타여래삼존좌상보다 5년 전에 만들어진 불상으로서 청허의 불상 조각기법 연구 및 조선 후기 불상 양식을 연구하는 데 대단히 중요한 자료적 가치를 지닌다.

고견사 석불

경상남도 거창군 가조면 수월리 1
경상남도 유형문화재 제263호
1988년 12월 23일 지정

이 석불이 봉안되어 있는 고견사는 667년문무왕 7 원효와 의상 스님이 창건했다고 전한다. 또 신라 애장왕(800~809) 때 해인사를 창건한 순응과 이정 스님이 세웠다고도 전한다. 고려시대 한 차례 중건된 기록이 전하며 조선 초기에는 교종에 속한 사찰로서 1424년세종 6 사원의 승려 수와 토지 결수(結數)를 정할 때, 45결이었던 토지를 100결로 늘리고 승려의 수를 70명으로 하였다고 한다.

1630년 설현, 금복, 종해 스님이 중건하면서 고견사로 이름을 바꾸었다. 고견사에는 이 절을 창건한 원효와 의상 스님을 추앙해서 조선 숙종이 친필로 쓴 '강생원(降生院)'이라는 편액이 보관되어 있다. 이러한 사실을 통해서 조선시대 고견사의 위상을 짐작해볼 수 있다.

고견사 석불은 화강암 바위에 불상과 광배를 함께 조각하였으며 높이 220cm, 광배의 너비는 120cm, 어깨 너비는 75cm이다.

오랫동안 노천에 있어서 불상은 전반적으로 많이 마멸된 상태이다. 민머리 위에 큼직한 육계가 표현되었다. 얼굴은 윤곽은 알아볼 수 있지만 눈, 코, 입의 세부 표현은 마멸로 인해 파악하기 어렵다. 귀는 아주 길어서 어깨까지 닿도록 조각하였다. 목은 짧아서 삼도는 표현하지 않았다. 대의는 통견의 옷차

림으로 옷 주름은 양쪽 팔에만 몇 줄의 오목새김 선으로 표현하였고 몸에는 두세 줄의 돋을새김 선만 조각하고 종아리 부분에서 큰 U자 모양으로 마무리하였다.

신체에 비해 얼굴이 크고 상체에 비해 하체가 빈약한 느낌을 준다. 수인은 뚜렷하지는 않지만 오른손은 시무외인(施無畏印), 왼손은 여원인(與願印)을 표현한 것처럼 보인다.

불상의 광배는 전체 윤곽이 배 모양의 거신광(擧身光)으로 돋을새김 한 띠로 머리 광배와 몸 광배를 구분하였다. 머리 광배에는 홑잎의 연꽃무늬와 연꽃구슬무늬[蓮珠文]를 새겼다. 전체적인 조각기법을 보면 고려시대의 불상으로 추정된다.

송림사지 석조여래좌상

경상남도 거창군 거창읍 김천리 216-5 거창박물관
경상남도 유형문화재 제322호
1996년 3월 11일 지정

거창박물관에 가면 본관 건물 앞에 넓은 야외 유물전시장이 있다. 이곳에 보관하고 있는 석불 가운데 송림사지 석조여래좌상이 있다. 이 불상은 원래 거창군 마리면 말흘리 송림마을의 절터에서 출토되었다. 마땅히 둘 곳이 없어 마리중학교에서 보관하고 있다가 거창박물관이 개관되면서 이곳으로 옮겨 온 것이다.

화강암으로 제작된 이 불상을 전체적으로 살펴보면 3단으로 이루어진 대좌 위에 앉아 있는 좌상으로 대좌는 원래 이 불상의 것이 아니다. 송림마을에 있던 불상을 옮기면서 짜 맞춘 것으로 그 출처를 알 수 없다고 한다. 대좌는 하대석이 심하게 훼손되어 제작 당시의 모습을 전혀 알 수 없으므로 이 대좌의 원래의 짝이었는지 의심스럽다. 중대석도 독특하게 여덟 면에 귀면(鬼面)을 돋을새김으로 조각하였는데 각각의 표정이 달라서 개성미가 넘친다. 불상 대좌의 중대석에 귀면을 조각한 것은 다른 불상에 볼 수 없는 특이한 발상이다.

불상은 하반신의 다리 부분이 깨어져 나가고 상반신도 오른쪽 어깨 부분이 깨어진 상태이며 전반적으로 마멸이 심한 편이다. 머리는 민머리이며 육계는 매우 낮게 표현하였다. 얼굴은 많이 마멸되어 정확한 인상은 파악하기 어렵지만 미소가 엿보이며 밝은 표정이다.

대의는 양 어깨를 감싸고 있으며 몸의 왼쪽 편에는 여러 갈래의 옷 주름이 표현되어 있으나 오른쪽 편에는 정면에는 마멸되어 옷 주름이 거의 보이지 않으며 측면에는 신체의 뒷면에서 이어지는 옷 주름이 선명히 새겨져 있다.

양 손도 자세히 보이지 않지만 수인은 손의 위치로 보아 지권인(智拳印)을 맺고 있는 것처럼 보인다. 그렇다면 이 불상의 존명은 비로자나불이 될 것이다. 불상의 머리 부분이나 옷 주름의 새김수법, 또 9세기 무렵 비로자나불상이 지방에서 널리 제작되는 경향으로 미루어 보면 이 불상은 통일신라시대 9세기 경에 제작된 것으로 추정할 수 있다.

강남사지 석조여래입상

경상남도 거창군 위천면 상천리 683
경상남도 유형문화재 제322호
1997년 1월 30일 지정

　이 불상은 금원산 자연휴양림 가는 길목에 있는 상천리 강남마을 안에 지어진 전각에 봉안되어 있다. 높이 365㎝, 넓이 130㎝의 두께가 얇은 화강암에 불상을 조각하였다. 원래 이곳에는 고려 숙종 때까지 강남사라는 절이 있었다고 한다. 그러나 강남사가 어떤 성격의 사찰이었는지, 그리고 언제 누구에 의해 세워졌는지, 폐사된 시기는 언제인지에 대한 어떠한 기록도 남아있지 않다. 이 불상을 제외하고는 불상이 봉안되어 있었던 사찰의 흔적은 전혀 남아있지 않은 것이다.

　이 불상은 언제인지는 알 수 없지만 네 다섯 조각으로 파괴되어 방치되어 있던 것을 1992년 향토 문화 유적 보수 사업에 따라 복원하였다고 한다. 불상은 넓적한 화강암에 얕게 돋을새김으로 조각하여 완성하였다. 불상이 새겨진 암석 자체가 광배의 역할을 하는데, 배 모양의 거신광 형태로 돌을 다듬었다.

　오랜 세월 풍우에 시달린 불상은 특히 얼굴이 심하게 마멸되어 표정을 읽어내기가 어렵다. 머리는 민머리인 듯하고 육계가 높게 새겨져 있다. 눈, 코, 입 어느 부분 성한 곳이 없으나 귀는 어느 정도 윤곽을 확인할 수 있다. 목에는 삼도가 뚜렷하게 표현되어 있으며 대의는 양 어깨를 감싸고 있다. 옷 주름은 비교적 선명하게 남아있다. 양 어깨를 감싼 옷 주름은 양 팔을 따라 아래로 흘러내려가며 몸의 중앙에는 U자 모양으로

여러 겹의 주름을 표현하였다.

　수인은 양 손이 훼손되어 확실하지는 않지만 대체로 오른손은 가슴 앞에서 시무외인을, 왼손은 무릎까지 내려서 여원인을 표현한 것처럼 보인다.

　하체는 깨어진 것을 이어서 복원하였는데 두 발은 현재 남아있지 않다. 대좌는 위로 향한 연꽃잎을 선 새김 한 연화대좌로 부처의 몸과 마찬가지로 광배와 모두 한 돌 안에 조성되어 있다. 볼륨 없이 평평한 신체에 약간 위축된 느낌을 주는 어깨, 신체의 굴곡을 거의 드러내지 않고 불신을 뒤덮은 굵은 옷 주름의 표현 등을 보면 고려시대에 조성된 불상으로 추정된다.

3
고성의 불상

양화리 석조여래좌상
교사리 삼존석불
보광사 목조대세지보살좌상

양화리 석조여래좌상

경상남도 고성군 대가면 양화리 567
경상남도 유형문화재 제121호
1974년 12월 28일 지정

양화리 석조여래좌상은 현재 대무량사의 용화전에 봉안되어 있다. 원래 이 불상은 고성읍 우산리의 우방사지(牛房寺址)에 있던 것을 1964년에 옮겨왔다고 한다. 우방사는 내력을 알 수 있는 기록이 남아있지 않다. 불상의 광배는 최근까지도 우방사지에 있었다고 하지만 지금은 찾을 수 없다.

현재 불상은 머리와 코, 목, 손 등이 깨어져 있다. 머리카락은 곱슬머리를 표현한 나발이며, 머리 위의 육계는 깨어져서 지금은 시멘트로 복원한 상태이다.

얼굴은 둥글고 눈, 코 등은 손상되었지만 이목구비가 조화를 이루어 단정하고 부드러운 인상을 준다. 목을 보수하였기 때문에 삼도가 표현되었는지는 알 수 없다. 불상의 신체는 어깨가 넓고 각이 져서 건장한 모습을 하고 있으며 하체는 결가부좌를 틀고 앉아 있는데 무릎 폭은 넓은 편이 아니지만 상체와는 비례가 원만하여 안정된 자세를 보여준다.

옷차림은 통견의 형식인데 왼쪽 어깨에서 가슴을 대각선으로 가로질러 오른쪽 겨드랑이로 이어지는 내의를 표현하였다. 옷은 아주 얇게 표현하여 신체의 굴곡이 잘 드러나 있다.

손 모양을 보면 오른손을 가슴 위로 올리고 손바닥을 바깥으로 하여 엄지와 중지를 맞대고 있으며, 왼손은 손바닥을 위로 하여 무릎 위에 올려놓았다.

이 불상은 얼굴과 신체에 양감이 풍부하고, 넓은 어깨와 당당한 가슴에 안정된 자세를 보여주며 얼굴의 세부 표현은 부드럽고 원만하여 통일신라시대에 제작된 작품으로 추정된다.

교사리 삼존석불

경상남도 고성군 고성읍 교사리 301-4
경상남도 유형문화재 제122호
1974년 12월 28일 지정

교사리 삼존석불은 교사리의 석불암에 봉안되어 있는 불상인데, 일반적인 본존불상과 협시보살상의 형식이 아니라 석조여래좌상 1구와 지장보살입상 1구, 그리고 인왕상 1구로 구성되어 있다.

세 불상 모두 머리와 손, 발 등에 손상을 입은 것을 복원하여 원래 모습을 알 수 없다. 처음 복원할 때 석고를 이용하여 원래의 형태를 변형시켰던 것을 현재는 화강암으로 원래의 모습에 가깝게 복원하였다.

극락전에 봉안되어 있는 본존불은 어깨가 넓고 각이 져 있으며 가슴은 당당하게 펴고 결가부좌한 좌상이다. 하체는 무릎이 넓고 높아서 안정감 있는 자세를 보인다. 머리를 잃어버려 새로 제작하였으므로 얼굴의 세부 표현에서 보이는 불상양식을 파악할 수 없다는 점이 아쉽다.

옷차림은 오른쪽 어깨를 드러낸 우견편단의 형식이며 옷주름은 계단식으로 새겼다. 손 모양은 두 손을 모두 무릎 앞으로 늘어뜨려 양 무릎을 감싼 모습인데 양 손도 복원하였으므로 원래의 모습은 아니다.

역시 극락전에 봉안되어 있는 석조지장보살입상은 두건을 쓰지 않은 민머리의 승려 모습으로 광배와 대좌는 없다. 몸에는 천의를 걸치고 있는데 양쪽 어깨에서 내려온 천의자락은

양 다리 앞에서 U자형 주름을 지으며 양쪽 팔을 감싸고 흘러내린다. 오른손은 배에 대고 손바닥을 펼쳐 보주를 받들고 있으며 왼손은 자연스럽게 아래로 내리고 있다.

인왕상은 석불암의 해탈문 안에 봉안되어 있다. 머리는 복원하였는데 신체는 팔, 다리의 근육이 제대로 표현되어 양감이 풍부하고 사실적이다. 인왕상의 맞은편에는 연꽃문양과 불꽃문양이 새겨진 불상의 광배가 놓여있다.

세 불상은 신체의 많은 부분이 훼손되어 불상의 명칭도 제대로 알 수 없을뿐더러 정확한 제작시기도 파악하기 어렵지만 남아있는 부분만으로 유추해보면 양감이 풍부하고, 건장한 불상의 신체 표현이나 보살상에서 보이는 부드럽게 흘러내린 천의의 새김기법, 그리고 인왕상의 세밀하고 힘 있는 근육 표현 등으로 보아 통일신라시대에 제작된 불상으로 생각된다.

보광사 목조대세지보살좌상

경남 고성군 고성읍 동외로 113번길 31-8
경상남도 유형문화재 제475호
2008년 10월 30일 지정

이 보살상은 현재 보광사 대웅전 주존불(主尊佛)로 봉안되어 있는데 1959년 옥천사 포교당인 남산 보광사를 열면서 고성 운흥사에서 목조삼존불상 중 대세지보살상을 모셔와 지금까지 모시고 있다. 삼존불상 가운데 목조관음보살상은 현재 운흥사에 있으며, 본존불상은 진주 연화사로 옮겨져 그곳 대웅전의 주존불로 모셔지고 있다.

이 보살상은 머리에 봉황과 구름문양, 꽃문양이 장식된 화려한 보관을 쓰고 있는데 부분적으로 훼손되어 장식물 일부가 떨어져나간 상태이며 도금이 되지 않고 붉은 채색만 하였다. 불상 뒷면에는 목 뒷덜미 아래로부터 바닥까지 균열된 부분을 철 못으로 등과 허리 쪽을 보강하고 있다. 균열된 부분이 제대로 보수되지 않은 탓에 보살상의 신체는 왼쪽 어깨 부분이 오른쪽 어깨보다 낮아졌다.

꽃문양이 장식된 화려한 보관을 쓰고, 손에는 오른쪽에서 왼쪽으로 비스듬히 긴 연꽃봉오리를 받쳐 들고 있으며 손가락에는 정병(淨甁)을 걸어서 들고 있다.

방형의 얼굴은 턱을 둥글게 깎았으며, 눈에서 이어지는 콧날은 긴 편이다. 입가에는 희미하게 미소가 있으며, 전체적으로 차분하면서 인자한 인상을 준다.

옷차림은 오른쪽 어깨에 편삼을 입고 그 위에 대의를 입은

변형된 통견의 형식인데, 편삼 자락은 수직으로 흘러내려서 반원형으로 휘어져 배 아래에서 대의 안으로 접어 넣었다. 군의 상단은 가슴 아래에서 수평으로 표현하였는데 띠로 묶고 그 위를 사선으로 한 단 접었다. 발목으로부터 내려오는 군의자락의 가장 안쪽 주름은 넓으면서 우측으로 비스듬히 흘러내리며 무릎에는 2~3단의 돋을새김으로 옷 주름을 표현하였다.

사찰 측에 따르면 1986년 10월에 개금불사를 하였다고 전하며, 아쉽게도 당시 발견되었던 복장유물은 물목 사진이나 내용은 파악되지 않은 채 봉안해 버렸다고 한다.

이 보살상은 진주 연화사 본존불상과 비교해 보면 상의 규모가 작아 규모로써 격(格)을 달리하는 조선 후기 삼존상의 특징을 따르고 있다. 남산 보광사 보살상은 신체는 작지만 신체의 비례나 긴 콧날, 사선으로 접힌 군의 상단의 형태는 매우 유사하며, 단지 오른쪽 어깨의 대의 주름이 물방울 모양을 이루지 않고 넓게 펼쳐져 있는 것은 본존상과 협시상이라는 격의 차이로 인한 표현의 간략화 때문이라 할 수 있다.

4
김해의 불상

진영 봉화산 마애불
초선대 마애석불
구산동 마애불
선지사 목조아미타여래좌상

진영 봉화산 마애불

경상남도 김해시 진영읍 본산리 산3-10
경상남도 유형문화재 제40호
1979년 5월 7일 지정

　이 불상은 노무현 전 대통령의 생가가 있는 봉하마을의 뒷산인 봉화산의 암벽에 새겨진 마애불로서 산중턱 바위틈에 끼어 옆으로 드러누운 상태로 발견되었다. 불상의 높이는 2.45m, 무릎 높이는 1.7m로 발견 당시부터 쓰러진 상태였는데 무너진 원인은 확인하기 어렵다.

　불상의 전체 형태는 돋을새김을 하고 신체 세부는 얕게 조각하였으며 옷 주름은 선 새김으로 표현하였다. 어깨는 넓고 둥글게 표현하였고 상체는 비교적 긴 편이다.

　머리는 민머리이며 머리 위에 육계가 둥글고 높직하게 솟아있다. 얼굴은 둥근 편인데 안면이 마멸되어 얼굴의 세부적인 모습은 자세히 알기 어렵지만 반원형의 눈썹 사이에 백호 구멍이 남아있고 눈은 가늘고 길게 표현하였다. 인중이 짧고 턱이 길며 입은 얼굴 전체에 비해 아주 작아서 고려시대 불상 양식을 잘 보여주고 있다. 귀는 머리와의 경계가 불분명한 채로 어깨까지 내려올 정도로 길게 표현하였고 목이 짧아서인지 삼도를 새기지 않았다.

　옷차림은 통견의 대의를 입은 모습으로 가슴에 U자형의 주름을 여러 개 지으며 흘러내렸다. 다리 부분은 마멸되어 옷 주름 선을 명확하게 파악하기 어렵다. 무릎은 폭이 넓고 높이가 높아서 상체와의 신체 비례가 조화를 이루며 안정감 있는

자세를 보여준다.

 손 모양은 오른손은 가슴 부근까지 올려 시무외인을 짓고 왼손은 무릎 위에서 손을 아래로 내려 여원인을 짓고 있다. 이러한 자세는 통일신라시대 초기 시무외 여원인을 취한 여래좌상의 형식을 계승하고 있는 모습이다. 불상이 새겨져 있는 바위 자체가 광배의 역할을 하고 있으며 대좌도 새기지 않았다.

 바위 위에 돋을새김 하였지만 신체의 세부 표현은 선 새김으로 평판처럼 보이며 단순하고 형식적인 옷 주름 선과 이목구비 표현 등을 보면 고려시대에 제작된 불상으로 추정된다.

초선대 마애석불

경상남도 김해시 안동 685-1
경상남도 유형문화재 제78호
1974년 2월 16일 지정

초선대는 가락국의 거등왕(居登王)이 칠점산의 선인(仙人)을 초대하여 거문고를 타고 바둑을 두면서 서로 즐겼다고 하는 전설이 전해지는 곳으로 이러한 전설로 인해 이 불상은 거등왕의 초상 조각이라고 전해지기도 한다.

이곳은 아주 조그만 구릉인데 큰 바위들이 많이 있으며 이 불상도 그 중 하나의 바위 면에 새겨진 마애불이다. 마애불이란 암벽에 새긴 불상을 말한다. 우리나라뿐만 아니라 인도, 중국, 일본에도 마애불이 제작되었다. 조각하는 기법도 다양하여 양각, 음각 또는 선각으로 표현하기도 한다.

지금은 이곳에는 금선사라는 절이 들어서 있고 불상은 절 담장 안쪽에 위치한다.

민머리에 매우 낮은 육계가 표현되어 있다. 얼굴은 방형이며 이마는 좁은 편이다. 얼굴에는 백호를 크게 표현하였으며, 눈은 가늘고 옆으로 길게 새겼다. 코는 작고 입술은 두툼하며 큰 편이다. 목에는 삼도를 새겼다.

어깨는 매우 넓고 각이 진 모습에 법의를 양쪽에 다 걸친 통견의 옷차림을 하였다. 상체로 흘러내리는 옷 주름은 몇 줄의 세로 선으로 새겼다.

수인은 두 손을 들어 가슴 앞에서 모은 듯하지만 표면이 떨어져 나가 자세한 모습을 알 수 없다. 무릎도 표면이 많이 떨

어져서 자세히 알 수는 없으나 무릎의 폭이 넓으며 높이는 높지 않다.

　광배는 원형의 머리 광배와 몸 광배가 표현되었는데 광배 안팎에 아무런 장식이 없다. 대좌는 반쪽은 떨어져 나가고 불상의 오른쪽만 남아 있는데 위로 향한 연꽃 문양이 표현된 연꽃대좌이다.

　이 불상은 전체적으로 선 새김 되어 있어 양감이 표현되지 않았으며 표면은 많이 떨어져 나갔는데 신체의 아랫부분도 떨어져 버려 세부적인 표현은 파악할 수 없다. 불상 신체나 옷 주름 등의 세부 처리가 섬세하지 못하고 도식적인 표현에 치우쳐 사실감을 느낄 수 없다. 그러나 굵은 선 새김 기법으로 거구의 신체를 묘사한 고려시대 마애불상의 전통을 잘 보여 주는 작품이다.

구산동 마애불

경상남도 김해시 구산동 산2
경상남도 유형문화재 제186호
1979년 12월 29일 지정

    이 불상은 높이 1.41m로 자연석에 선 새김 기법으로 조각한 마애여래좌상이다. 불상은 어깨가 넓고 둥글며 무릎의 폭이 넓어 안정감 있는 자세를 취하고 있다.
    머리는 민머리이며 육계는 머리와 구별하기 어렵지만 뾰족한 삼각형 모양으로 새겼다. 얼굴의 주위만 좀 더 깎아내어

얼굴을 도드라지게 표현하였다. 이마는 넓은 편이고 백호는 없으며 눈은 가늘고 옆으로 길게 새겼다. 눈, 코, 입의 크기가 적절하여 표정은 단정하고 부드러운 느낌을 준다. 목에는 형식적인 삼도가 표현되어 있고 양 귀는 어깨까지 내려온다.

옷차림은 통견의 형식인데 옷 주름은 왼쪽 팔과 가슴 부분에 몇 줄의 선만 새겼을 뿐 매우 단순하게 처리하였다. 가슴에는 두 줄의 선으로 띠를 표현하여 불상의 왼쪽에서 오른쪽으로 비스듬히 휘어진 내의를 묘사하였다.

수인은 왼손은 무릎에 대고, 오른손은 가슴 위로 올려 엄지와 중지, 약지를 맞댄 모습으로 아미타여래의 하품중생인을 표현하고 있는 것 같다.

다리는 결가부좌의 자세이며 양 발을 모두 나타내었다. 대좌는 홑잎의 위로 향한 연꽃과 아래로 드리운 연꽃을 2단으로 표현한 연꽃대좌이다. 광배는 머리 광배와 몸 광배를 각각 한 줄의 선으로 새긴 원형광배이다.

조각기법이 선 새김이라는 점, 세부 묘사가 치밀하지 않고 간략화 된 점, 손의 자세를 미숙하게 처리한 점 등을 고려하면 이 마애불은 고려시대에 제작된 불상으로 추정된다.

선지사 목조아미타여래좌상

경상남도 김해시 주촌면 선지리 501
경상남도 문화재자료 제330호
2003년 6월 12일 지정

이 불상은 높이가 51㎝로 현재 선지사 영산전에 관음, 대세지보살을 협시로 하여 불단에 봉안되어 있다. 삼존불의 뒤에는 500나한상이 열을 지어 앉아있다. 원래 영산전에는 석가모니불을 모셔야 하지만 이 절에서는 어떤 이유에서인지는 알 수 없지만 이 아미타여래를 모시고 있다.

불상은 신체에 비해 머리가 지나치게 큰 편이어서 균형미를 잃었고 안정감이 부족하다. 그러나 머리를 제외한 나머지 부분은 상, 하체의 비례가 원만하다. 불상의 머리는 나발의 형태이며 머리와 구분 없이 육계가 높이 솟아있다. 머리 중앙에는 반달 모양의 중앙계주가, 정수리에는 둥근 정상계주가 표현되어 있다. 반원형의 눈썹은 긴 편인데 상대적으로 눈, 코, 입은 얼굴에 비해 작게 표현되었다. 귀는 목 부분까지 내려오고 목에는 삼도를 새겼다.

가슴은 양감 없이 밋밋하고 법의는 변형 우견편단 형식으로 오른쪽에 대의자락을 걸쳤다. 옷 주름은 단순하고 간략한 선으로 표현하여 도식적이며 양 다리를 덮은 군의자락은 대좌까지 흘러내렸다. 수인은 오른손은 손바닥을 아래로 하여 무릎에 대고, 왼손은 손바닥을 위로 하여 결가부좌한 오른쪽 발바닥 위에 놓았다.

선지사 목조아미타여래좌상은 복장 유물을 통하여 제작 시기가 만력 33년, 즉 1605년(선조 38)으로 확인되며 화승 원오가 조성하였다고 한다. 복장유물은 범자기원문 2매, 조성기 1매, 경문 1매가 있다. 조성기는 한지 3매를 각각 연결하여 1매로 만들고 그 위에 해서체로 조성연대와 시주자, 화승 등에 관해 기록하고 있다. 이 불상은 제작연대를 확인할 수 있어 조선 후기 불상의 양식 연구에 중요한 자료가 된다.

5
남해의 불상

용문사 석불
용문사 목조지장시왕상
용문사 목조아미타삼존불좌상
화방사 석조석가삼존십육나한상

용문사 석불

경남 남해군 이동면 용소리 868
경상남도 유형문화재 제74호
1974년 12월 28일 지정

    이 불상은 임진왜란으로 용문사가 소실된 후 절을 재건하기 위해 공사를 하던 중 경내에서 출토되었다고 전해지는 석조보살상이다. 현재는 회칠을 하여 원래의 모습을 확인할 수 없고 광배와 대좌도 남아있지 않다.

    결가부좌의 자세로 앉아 있는데 머리에 보관을 쓰고 있으나 회칠 위에 채색을 하여 원래의 보관 모양을 알기는 어렵다. 관 밑으로 흘러내린 보발은 2단으로 양 귀를 감싸면서 어깨 위로 흘러내리고 있다.

    살이 오른 얼굴에 반쯤 감은 눈과 큰 코, 작은 입을 표현하였다. 어깨는 좁고 둥글며 천의를 입고 있다. 천의 두 가닥이 양 어깨를 거쳐 팔을 감으면서 흘러내렸는데, 띠 주름 무늬가 단정하면서도 자연스러워 보살상의 신체와 조화를 이루고 있다. 왼손은 배에 대고 손바닥에는 연꽃봉오리를 받쳐 들고 있는데 꽃잎이 모여 있는 모습을 잘 표현하고 있다. 이처럼 연꽃봉오리를 받들고 있는 보살상은 매우 드문 예라 할 수 있다. 오른손은 손등을 밖으로 하여 가슴 앞에 있는데 원래는 손에 연꽃가지를 잡고 있었던 것처럼 보인다.

    가슴은 밋밋하여 양감을 제대로 표현하지 않았지만 전체적인 자세는 균형미가 있고 신체의 각 부분 표현이 자연스럽다. 신체에 비해 머리가 큰 편이고 상체가 다소 길지만 무릎의 폭

을 넓게 하여 안정감 있는 자세를 취하고 있다.

　상의 크기는 작지만 단아한 신체와 머리카락 표현이나 손의 자세 등에서 고려 전기의 석조보살상에서 보이는 세부 표현을 잘 드러내고 있는 점 등으로 보아 고려시대의 보살상으로 추정된다.

용문사 목조지장시왕상

경남 남해군 이동면 용소리 868
경상남도 유형문화재 제426호
2005년 7월 21일 지정

　용문사 명부전에는 목조지장보살상과 좌우의 도명존자상과 무독귀왕상, 시왕상과 그 권속상들이 모셔져 있다. 모든 존상들의 상태는 양호한 편이다.

　지장보살상은 두건을 쓰지 않은 민머리에 허리를 세우고 고개를 약간 아래쪽으로 숙여 굽어보면서 결가부좌한 자세로 앉아있다. 일반적으로 좌우 협시나 시왕상들에 비해 좌상의 지장보살상이 크게 제작되는 것이 보통이지만 이 지장보살상은 그렇지 않으며 전체적으로 단정한 인상을 풍긴다. 그것은 이 지장보살상의 무릎이 상체에 비해 높고 넓은 편이어서 안정감을 느끼게 하기 때문이다.

　방형에 가까운 얼굴에 턱은 둥글게 표현하였다. 얼굴의 아래쪽보다는 이마가 아주 넓은 편이고 눈썹 사이에 백호를 돋을새김 하였다. 눈은 옆으로 길고 눈꺼풀은 무거워 보일 정도로 두텁게 표현하였다. 콧날은 오뚝하며 인중은 뚜렷하고 넓게 새겼다. 입가에는 미소를 띠고 있으며 귀는 두껍고 큰 편이다.

　목은 짧은데 삼도가 표현되어 있다. 양손은 모두 무릎 위에

놓았는데 왼손은 손바닥을 위로 하고 오른손은 손바닥을 아래로 하여 엄지와 중지를 맞대고 있다.

옷차림은 변형 통견형식으로 오른쪽 어깨에 편삼을 입고 그 위에 대의를 걸쳤다. 가슴 아래 표현된 군의 상단은 띠로 묶고 그 위를 사선으로 접은 형태이며 결가부좌한 양다리 아래로 군의자락이 넓게 드리워져 있다.

도녕존자는 오른손에 석장을 쥐고, 우협시 무독귀왕은 합장을 한 모습으로 서 있다. 신체에 비해 머리가 큰 편이며 어깨가 넓어 당당해보이고 온화한 인상이다. 얼굴은 방형이며 얼굴에는 미소를 머금고 있다.

시왕상들은 모두 머리에 원유관 형태의 관을 쓰고 손에는 홀을 쥐거나 책과 붓을 들고 있거나 손을 무릎 위에 걸치는 등 다양한 모습을 보인다. 얼굴은 입 꼬리를 올려 웃고 있는 표정이다. 시왕상들이 앉아 있는 의자는 좌우에 용머리가 새겨져 있는 등받이와 팔걸이, 발 받침대가 있다.

현재 사찰에 보관하고 있는 백지묵서의 발원문을 보면 목조지장시왕상은 강희 17년, 즉 1678년_{숙종 4}에 지현(智玄)이라는 금어(金魚)에 의해 제작되었다는 것을 알 수 있다.

용문사 목조아미타삼존불좌상

경남 남해군 이동면 용소리 868
경상남도 유형문화재 제446호
2006년 11월 2일 지정

 이 삼존불은 용문사 대웅전에 봉안되어 있는 본존불상과 좌·우 협시보살상이다. 삼존불은 긴 직사각형의 불단 위에 놓인 연화대좌 위에 앉아있다. 본존불상은 아미타불로서 불상 머리의 나발 일부가 떨어져 나가고 소매와 군의자락 도금이 다소 떨어졌지만 보존상태는 좋은 편이다. 신체의 비례가 잘 맞으며 얼굴에는 미소를 짓고 있다. 상체가 길고 무릎이 낮은 형태이며 오른손을 들고 왼손은 발위에 올려 각각 엄지와 중지를 맞댄 아미타불의 하품중생인을 맺고 있다.

 본존불의 머리 중앙에는 중앙계주, 정수리에는 원통 모양의 정상계주가 있다. 얼굴은 신체에 비해 작고 갸름한 편이다. 목에는 삼도가 표현되어 있으며 가슴은 양감이 없이 밋밋하다.

 옷은 변형된 통견 형식으로 편삼 위에 대의를 걸쳤다. 대의는 크게 U자 모양으로 벌어졌으며 오른쪽 어깨의 대의 아래 입은 편삼은 가슴에서 수직으로 내려와 배 앞에서 크게 휘어져 대의 속으로 집어넣었다. 군의 상단은 띠로 묶어 그 위를 사선으로 접은 조선시대 불상의 일반적인 형식을 보이며, 하체를 감싸는 군의자락은 양 발목으로 모아지는 세 가닥의 옷주름이 규칙적인 층을 이루며 바닥으로 흘러내린 옷 주름은 출렁이는 물결 문양으로 표현하였다.

　좌우에 모셔진 협시보살좌상은 좌우보살상의 손 모양을 대칭으로 표현한 것 이외에는 거의 형태가 유사하다. 우협시보살상은 양손에 걸쳐 긴 연꽃가지를 잡고 있으므로 현재 좌협시보살상은 연꽃가지가 남아있지 않지만 원래는 같은 형태였을 것으로 추정된다. 협시보살상들은 조선시대의 일반적인 보살상의 경우처럼 천의를 입지 않고 불상과 같은 옷차림을 하고 있으며 불상과 달리 머리에만 화려한 보관을 쓰고 있다. 이 협시보살상들은 본존불상과 비교해서 이목구비의 선이 부드럽고 턱이 넓은 편이다. 또한 오른쪽 어깨에 걸쳐진 대의

자락도 더 형식적으로 처리되었고 군의 자락은 양 발목으로 모아지면서 주름이 넓게 퍼져 있다.

  삼존불상은 불상 바닥에 마련한 복장공이 모두 열려 있었으며 그 속에 있던 복장물은 대부분 도난당한 상태였다. 그 가운데 경전, 다라니 등이 불상 내부의 목 부분과 팔, 다리 쪽에 끼워져서 남아있었다. 양 협시보살상들은 바닥 복장공 외에 배면 중앙에 타원형의 복장공을 따로 만들었다. 이처럼 배면에 마련한 별도의 복장공은 팔의 내부나 머리와 같이 좌상의 밑바닥에서 복장물을 채우기 어려운 것을 쉽게 처리하기 위한 것으로 보인다. 복장물을 도난당한 상태라 이 삼존불의 정확한 제작연대를 확인하기는 어렵지만 불상의 형식과 조각수법으로 볼 때 조선 후기 17세기 경의 작품으로 추정된다.

화방사 석조석가삼존십육나한상

경남 남해군 고현면 대곡리 1448
경상남도 유형문화재 제497호
2010년 3월 11일 지정

  화방사의 석조석가삼존십육나한상은 화방사의 주불전인 보광전 왼쪽에 있는 응진전 안에 봉안되어 있다. 석가삼존불은 모두 회칠을 하고 눈, 코, 입, 머리카락 등을 채색하여 표현하였다.

  본존불인 석가모니불은 약간 움츠린 어깨에 신체에 비해 머리가 큰데 나발과 육계의 구분이 뚜렷하지 않고 머리 중앙에 중앙계주, 정수리에 정상계주를 표현하였다. 얼굴은 방형이며 턱은 각이 진 모습이다. 양 눈썹 사이에 백호가 있고 눈은 반쯤 떴으며 코는 큼직한데 입가에는 미소를 표현하였다.

  법의는 변형된 우견편단 형식으로 오른쪽 어깨에 대의자락을 걸치고 있다. 목 아래에 돋을새김으로 띠를 새겼는데 삼도를 간략하게 표현한 것으로 보인다.

  군의 상단은 가슴 아래에 수평으로 표현하였는데 띠로 묶고 사선으로 접은 형태이다. 양 무릎을 덮고 있는 군의 주름은 3~4개의 계단식으로 새겼다. 손 모양은 오른손은 손바닥을 아래로 하여 무릎 위에 놓고, 왼손은 역시 무릎 위에서 손바닥을 위로 하여 항마촉지인을 맺고 있다.

  양 협시보살상은 별다른 장식이 없는 보관을 쓰고 머리카락은 두 귀를 가로지르며 양 어깨 아래까지 흘러내렸다. 손 모양은 두 손의 방향만 다른 항마촉지인을 하고 있으며, 옷차

림은 본존불과 같은 내의를 입고 있는 형식이다.

본존불의 권속으로는 16나한상, 제석천과 범천, 동자상 2구, 시자상 1구, 장군상 2구 등이 있다. 모두 회칠을 한 후에 보관, 머리카락, 눈, 코, 입, 옷 등을 채색하여 존상의 모습을 표현하였다. 16나한상은 얼굴의 표정이나 신체의 형태가 조금씩 달라 각각 개성이 뚜렷하다. 이 상들은 조선시대 후기에 제작된 불상의 형식을 잘 갖추고 있어 시대상을 잘 알려주는 자료이다.

6

밀양의 불상

무봉사 석조여래좌상
천황사 석조비로자나불좌상
표충사 석조석가여래좌상
표충사 목조관음보살좌상
표충사 석조지장보살반가상
부은사 석조아미타불좌상
여여정사 목조관음보살좌상

무봉사 석조여래좌상

경상남도 밀양시 내일동 37
보물 제493호
1969년 6월 24일 지정

무봉사는 773년혜공왕 9에 법조 스님이 영남사의 부속암자로 창건하였다고 전해지지만 문헌기록에는 남아있지 않다. 이 불상은 무봉사 대웅전에 봉안되어 있는 석조불상이다.

불상의 크기는 1m가 채 안 되지만 원만하고 온화한 인상에 단정하고 안정된 자세로 섬세한 조각기법을 보이는 작품이며 화려한 문양의 광배도 잘 남아 있다.

머리는 나발의 형식이며 머리 위의 육계는 높고 큼직하다. 방형에 가까운 얼굴에 살이 오른 모습이며 눈은 가늘게 반쯤 감고 코는 넓으며 입은 굳게 다물고 있다. 목은 짧지만 삼도가 뚜렷하게 새겨져 있다. 어깨는 넓고 둥글며 가슴은 양감이 두드러지게 표현되지는 않았다.

옷차림은 양 어깨를 덮고 있는 통견의 형식이며 옷 주름은 계단식으로 부드러운 느낌을 주지만 단순하고 반복적으로 표현하였다. 가슴 앞에서 대각선으로 내의를 표현하였으며 배에는 띠 매듭이 새겨져 있다. 상체에 비해 무릎의 폭이 넓어 자세는 안정감 있지만 그로 인해 상체가 왜소해 보인다.

손 모양은 오른손은 손바닥을 아래로 하여 무릎을 감싸고 있으며, 왼손은 몸 쪽으로 당겨 손바닥을 위로 하여 오른쪽 발바닥 위에 올려서 항마촉지인을 취하고 있다.

광배는 보주(寶珠) 모양의 광배로 2줄의 돋을새김 선으로

머리 광배와 몸 광배를 구분하고 선 위의 다섯 부분에 5구의 화불(化佛)을 표현하였으며 안에는 당초문양과 연꽃문양을 새겼다. 광배의 바깥부분에는 불꽃문양을 화려하게 조각하였다. 광배 뒷면에는 연꽃무늬 대좌 위에 앉아있는 약사여래를 조각하였다. 민머리에 상호는 원만하지만 마멸이 심하여 얼굴의 인상은 제대로 파악할 수 없다. 이처럼 광배 뒷면에 불상을 새긴 것은 경주 남산의 미륵곡석조여래좌상(보물 제

136호)에서 찾을 수 있는데 우리나라 불상에서 사례가 드물다.

광배 뒷면에 동방을 뜻하는 약사여래상이 새겨져 있으므로 이 불상은 그 반대쪽인 서방 극락정토의 아미타여래를 상징한다는 것을 알 수 있다. 통일신라시대에는 석가모니불의 수인인 항마촉지인으로 표현하면서도 실제로는 아미타여래인 경우가 있으므로 이 불상의 존명도 아미타여래로 볼 수 있을 것이다.

이 불상은 단정하고 양감이 있는 신체 표현, 단순하면서도 틀에 박힌 옷주름, 화려하고 복잡한 광배의 표현 등으로 볼 때 통일신라 후기에 만들어진 작품으로 보인다.

천황사 석조비로자나불좌상

경상남도 밀양시 산내면 남명리 산95-8
보물 제1213호
1995년 1월 10일 지정

　이 불상은 천황산 얼음골의 천황사에 봉안되어 있는 비로자나불상으로 통일신라시대에 제작된 우수한 작품이다. 머리 부분은 잃어버려 새로 만들었으며 광배는 남아있지 않다. 불상의 신체는 상체와 하체의 비례나 어깨의 넓이가 적절하여 매우 사실적으로 표현되어 있다.
　어깨는 넓고 둥글며 가슴은 당당하게 앞으로 내밀었는데 굴곡이 제대로 묘사되어 양감이 풍부하다. 허리는 날씬하며

옷을 얇게 표현하여 신체의 윤곽이 잘 나타나 있다.

옷차림은 오른쪽 어깨를 드러내고 있는 우견편단의 형식인데 옷 주름은 계단식으로 부드럽고 세련되게 새겨져 있다.

손은 가슴 앞에서 오른손 검지를 올리고 위에서 왼손으로 감싸 쥐고 있는 비로자나불의 지권인(智拳印)을 취하고 있는데, 팔목부터 떨어져나갔기 때문에 원래의 모습을 정확하게 알 수는 없지만 복원된 모습으로는 일반적인 불상과는 손이 반대로 되어 있어서 불국사 금동비로자나불좌상(국보 제26호)의 자세와 같다. 결가부좌의 자세도 일반 불상과는 차이가 있다. 즉 일반 불상들은 거의 대부분 오른다리를 왼다리 위로 올린 길상좌(吉祥坐)를 하고 있는 반면에 이 불상은 왼다리를 오른다리 위로 올린 항마좌(降魔坐)를 취하고 있다.

이 불상의 대좌는 우리나라에서는 유일하게 남아있는 독특한 사자좌(獅子座)로서 상대·중대·하대의 삼단으로 구성되어 있다. 상대는 둥근 원판 모양의 윗부분을 약간 높여 정교한 연꽃구슬문양을 새기고 그 아래에 연꽃무늬를 두 겹으로 조각하였다. 중대에는 두 줄의 띠를 새긴 얕은 원형 받침이 있는데 현재까지 우리나라에 전하는 불상 대좌 가운데는 이와 같은 형식이 없다. 하대는 겹잎의 누운 연꽃문양 위에 11마리의 사자를 두리새김으로 조각하고 있는데 정면에는 중심을 파낸 받침이 있어 향로와 같은 공양구(供養具)를 끼웠던 받침으로 추정된다. 사자상들은 대좌 안으로 향하여 올라가는 자세를 취하고 있다.

이 불상은 8세기 후반의 가장 우수한 석불상 가운데 하나일 뿐만 아니라 우리나라에서 유일하게 사자좌에 앉아 있는 석불좌상으로 희귀한 예이며, 불교조각사에서도 자세가 다른 지권인 비로자나불이면서 동시에 항마좌의 여래좌상이라는 점에서 매우 중요한 불상으로 생각된다.

표충사 석조석가여래좌상

경상남도 밀양시 단장면 구천리 23
경상남도 유형문화재 제458호
2008년 1월 10일 지정

    이 불상은 표충사 팔상전의 본존불로 모신 석가여래좌상이다. 원래 이 불상은 얼굴의 미간, 배부분, 뒷면의 왼쪽 허리, 손가락 끝의 일부 등 부분적으로 훼손되어 있었던 것인데 호분으로 손상된 부위를 메우고 상 전체에 천을 돌린 후 다시 호분을 두껍게 발랐다. 따라서 현재는 전면적으로 호분이 칠해져 있어 원래의 모습을 확인하기는 어렵다.

    이 불상은 머리와 허리를 곧게 세우고 정면을 향한 모습으로, 자세만 보아도 조선시대 이전의 불상임을 짐작할 수 있다. 어깨는 둥글고 넓은 편이지만 통일신라시대 중대 불상에서 보이는 힘 있는 자세는 보여주지 못하며 가슴은 펴고 있으나 신체의 굴곡이 제대로 표현되지 못해 양감이 부족하다. 오른쪽 가슴에 젖꼭지를 표현한 것은 통일신라시대 불상의 모습을 잘 반영하고 있는 것이다. 무릎 폭이 넓어서 불상의 신체는 안정감이 있다.

    불상의 머리는 나발의 형식이며 머리 중앙에 중앙계주가 표현되어 있고 정수리에는 정상계주가 있지만 현재의 머리와 얼굴부분은 모두 보수한 것이므로 원래 불상이 나발의 형식이나 계주의 표현이 있었는지는 알 수 없다. 이목구비는 호분 바탕 위에 그렸으며 목의 삼도도 원래는 있었는지 확인할 수 없고 호분 바탕 위에는 삼도가 표현되어 있지 않다.

 옷차림은 법의를 우견편단의 형식으로 입었는데 왼쪽 어깨에서 내려오는 옷 주름은 가슴 앞으로 넓은 주름을 이루고 있으며 왼쪽 팔에는 복잡한 주름 선이 보이는데 물방울 형태로 접혀 있는 형태는 고려 초기 절불(鐵佛)의 옷차림에서 확인되는 특징이어서 주목된다.

 결가부좌한 다리는 양발이 드러나 있으며 옷자락은 양 무릎 사이에서 부채꼴 모양으로 표현하여 통일신라시대 여래좌상의 옷자락 처리 수법을 그대로 따르고 있다. 손 모양은 오른손을 손바닥을 아래로 하여 무릎에 대고 있으며 왼손을 손바닥을 위로 하여 허벅지 위에 올린 항마촉지인 자세를 취하고 있다.

  비록 호분을 칠하여 불상의 얼굴 표정과 신체의 세부 묘사를 확인하기 어렵지만 통일신라시대 중대 불상보다는 다소 힘이 빠진 신체 표현이나 옷 주름에서 보이는 특징 등으로 미루어보면 통일신라시대 불상의 양식을 계승한 고려시대 초기의 불상으로 추정된다.

표충사 목조관음보살좌상

경상남도 밀양시 단장면 구천리 23
경상남도 유형문화재 제460호
2008년 1월 10일 지정

　이 목조관음보살좌상은 표충사 성보박물관에 봉안되어 있다. 오래 전에 도금을 해서 가슴 위의 도금은 전체적으로 아주 미세한 갈라짐이 있고, 발목 아래 군의와 무릎 등에도 도금이 떨어진 부분이 확인되었다. 또 오른쪽 발목에서 아래로 균열이 가 있으며 오른쪽 손의 검지, 중지, 약지와 왼쪽 손의 약지는 파손되어 수리한 상태이다. 손목은 따로 만들어 끼우도록 되어 있는데 끼우는 부분 안쪽으로 한지를 씌워 손목이 빠지는 것을 방지하였으며, 머리에 보관을 씌운 뒤 헐거운 빈 공간에도 한지를 가늘게 말아서 고정하는 등 세세한 부분까지 정성을 기울였음이 엿보인다.

　보살상은 일반적인 조선 후기 불상의 특징을 반영하듯 신체에 비해 머리가 큰 편이고, 등은 세우고 고개를 약간 앞으로 숙여 아래를 내려다보는 자세를 취하고 있으며, 무릎 폭이 적절하여 안정감 있는 자세를 보여준다. 머리에는 구름문양, 꽃문양, 불꽃문양 등으로 장식된 위가 넓은 원통형 보관을 씌웠다.

　얼굴은 방형인데 턱 선은 부드러운 곡선을 그리고 있으며 적당히 살이 올라있다. 눈, 코, 입의 비례가 원만하고 입가에는 미소를 표현하여 부드러운 이미지를 느끼게 한다.

　법의는 오른쪽 어깨에 편삼과 그 위에 대의가 오른쪽 어깨

를 살짝 걸쳐 내리는 변형 통견 형식으로 표현하였으며 편삼 자락이 배 아래에서 반원형으로 휘어져 대의 아래로 들어가는 조선 후기 일반적인 불상의 옷차림을 따르고 있다. 군의 상단은 배 부분에서 띠로 묶은 뒤 그 위의 옷자락을 사선으로 접은 형식으로 표현하였다. 결가부좌한 양 다리는 오른발만 드러나 있으며 다리를 덮은 군의자락은 계단식으로 부드러운 곡선을 보이며 흘러내렸다.

수인은 아미타여래의 하품중생인을 취하였는데 오른손은 무릎 위에서 손목을 살짝 들어올리고 왼손은 손바닥을 위로 하여 양 손 모두 엄지와 중지를 맞대고 있다. 왼손바닥 위에는 푸른색으로 채색한 정병이 올려져 있어 관음보살상임을 나타내고 있다. 이 정병은 몸통이 길고 받침이 있으며 좌우에 수구부와 손잡이가 달린 특이한 형태로서 흔히 라마형식 정병이라고 부르는 주전자형 정병이다. 이것은 고려시대에 유행했던 수구부가 짧고 몸통에 손잡이가 없는 정병과는 차이가 있으며, 고려 후기 라마형식 불상이 들어오면서 유입되어 15세기 이후 유행하는 외래적 요소이기도 하다.

보살상 뒷면 등 가운데에 가로 11㎝, 세로 12㎝ 정도의 복장공이 확인되었으며, 불상 바닥 가운데에도 둥근 모양의 복장공이 마련되어 있었다.

보살상의 신체의 비례나 보관의 형태, 옷 주름의 표현 기법 등으로 보아 조선 후기에 제작된 작품으로 추정된다.

표충사 석조지장보살반가상

경상남도 밀양시 단장면 구천리 23
경상남도 유형문화재 제461호
2008년 1월 10일 지정

표충사 석조지장보살반가상은 팔꿈치, 무릎 측면으로 도금이 조금 떨어진 것을 제외하면 손상 없이 완전한 형태로 성보박물관에 봉안되어 있다.

머리는 신체에 비해서 큰 편이며 두건을 쓰지 않고 승려의 모습처럼 민머리로 표현하여 녹색으로 채색하였다. 허리와 등은 세우고 어깨와 머리는 약간 숙여서 아래를 내려다보고 있으며 왼쪽 다리 위에 오른쪽 다리를 올린 반가부좌의 자세를 취하고 있다. 양 손은 손바닥을 아래로 하여 무릎 위에 나란히 내려놓았다. 보살상의 상체가 긴 편이어서 하체가 상대적으로 빈약해 보인다.

네모난 얼굴에 사선으로 올라간 눈과 눈썹에서 이어지는 오뚝한 코, 좁은 인중과 미소를 담은 입은 젊고 단정한 인상을 느끼게 한다. 짧은 목에는 얕게 삼도가 표현되어 있다.

양쪽 어깨에 걸친 천의는 목 뒤로 등까지 세 번 접었으며 겨드랑이 아래 허리 부분에서 빼낸 양 자락을 다시 팔꿈치로 내어 손목 위로 넘겨 아래로 흘러내리도록 표현하였다. 허리부분에 표현된 천의자락은 매우 동적인 느낌이 강한데 이러한 표현법은 법주사 관음전 목조관음보살좌상(보물 제1361호)이나 통도사와 범어사 관음전의 관음보살좌상처럼 주로 단독관음보살상에 나타나고 있어 주목된다. 왜냐하면 조선 후기 본

존불상의 협시보살상으로 제작되는 보살상은 본존불상과 같은 형태의 도식적인 법의를 입은 모습으로 표현하고 있기 때문이다.

　가슴 아래에는 군의와 비늘모양의 장식이 있는 짧은 요의

(腰衣) 같은 것을 이중으로 입고 띠로 묶어 띠 자락을 가지런히 내렸으며 다리를 덮은 군의의 주름은 물결무늬를 이루면서 흘러내렸다.

이 보살상이 보관된 진열장의 오른쪽 진열장에는 보살상에서 나온 유리제 구슬 6과와 오곡약재의 일부, 경전인쇄물 3장, 불상발원문의 일부, 감색·분홍·녹색·보라색 천, 오색실의 일부가 진열되어 있다. 그리고 건륭 무오년, 즉 1738년_{영조 14} 지장보살을 중수했다는 중수기와 가경 원년, 즉 1796년_{정조 20}에 개금불사를 하였다는 개금불상기의 기록 일부가 남아있어 이 보살상이 18세기 이전에 조성되었다는 것을 추정할 수 있다.

지장보살상이면서도 조선 후기에 조성된 관음전에 단독으로 모셔지는 관음상과 같이 천의 형식으로 법의를 입은 희귀한 보살상으로서 시왕 및 권속들을 거느리지 않고 단독으로 봉안되었을 가능성도 있으므로 조선 후기 보살상의 양식 및 제작 기법을 연구하는 데 중요한 자료가 된다.

부은사 석조아미타불좌상

경상남도 밀양시 삼랑진읍 천태로 449-20
경상남도 유형문화재 제476호
2009년 3월 5일 지정

    이 불상은 부은사 법당의 본존불로써 양쪽에 관음보살과 대세지보살을 협시로 한 삼존불의 형태로 봉안되어 있다. 군의자락과 뒷면 대의 끝단 부분에 일부 도금이 떨어졌으나 상태는 비교적 양호한 편이다.

    불상의 신체는 등이 약간 굽어 있고 어깨도 움츠린 상태로 고개를 앞으로 내민 자세이다. 몸에 비해 머리가 크고 상반신에 비해서 무릎이 높은 편이다.

    머리는 육계와 구별되지 않으며 경계에 반원형의 중앙계주와 정수리에는 원통형의 계주를 각각 두었으며 곱슬머리의 표현인 나발이 조밀하게 조각되어 있다.

    얼굴은 네모난 형태이며 턱은 둥글게 깎고 입가에 잔잔한 미소를 표현하여 원만하고 자비로운 인상을 느끼게 한다. 짧은 목에는 삼도를 얕게 새겼다.

    법의는 변형된 통견의 형식으로 왼쪽 어깨에 편삼을 입고 그 위에 대의를 걸친 모습이며 대의 옷주름 선은 도식적으로 처리하였다. 드러나는 가슴 부분은 다른 조선 후기 불상들에 비해서는 좁은 편인데 양감의 표현이 전혀 없이 밋밋하고 군의 상단은 가슴 아래에서 수평으로 표현하였다. 하체의 옷자락은 발목에서 한번 접어 흘러내리는 군의자락을 두 개의 큰 자락으로 나누어 정리하고 끝단은 곡선을 이룬다.

　수인은 오른손은 손바닥을 아래로 하여 무릎 위에 놓고 왼손은 손바닥을 위로 하여 중지와 약지를 구부려 엄지와 맞대고 있는데, 아미타 구품인의 오른손을 촉지인과 같이 표현한 것은 조각가의 아미타여래 도상(圖像)에 대한 이해가 부족했

던 것으로 판단된다.

복장공은 불상 바닥으로부터 비스듬히 파내어 무릎 정도의 높이에서 입구가 2단으로 이루어진 좁고 깊은 방형 구멍으로 만들어져 있다.

사찰 측의 이야기에 따르면 이 불상은 양산 통도사 포교당에 봉안되어 있는 석조관음보살상(경상남도 유형문화재 제478호)의 본존불이라고 한다. 실제로 이 불상과 통도사 포교당 석조관음보살상은 양식적인 면이나 세부적인 기법이 매우 유사하다. 관음보살상에서는 2007년 개금불사를 하면서 1688년 작성한 발원문과 1893년에 쓴 관세음성상도분발원문이 발견되었으므로 이 불상이 관음보살상의 본존불이라는 점이 증명된다면 1688년숙종 14에 제작되었다는 확실한 제작연대를 알게 되는 것이다.

여여정사 목조관음보살좌상

경상남도 밀양시 삼랑진읍 행곡리 1058번지
경상남도 유형문화재 제477호
2009년 3월 5일 지정

이 보살상은 현재 여여정사 강당 건물의 금고에 봉안하고 있다. 원래는 정여 스님이 원불(願佛)로 모시고 있던 보살상이었는데 여여정사를 개창하면서 기증한 것으로 전해진다. 보관의 장식물을 제외한 보관은 새로 제작한 것이며 신체에 도금이 벗겨진 것을 제외하면 상태는 양호한 편이다.

얼굴은 방형으로 살이 올라있으며, 눈은 가늘고 코는 오뚝하며, 입가에는 엷은 미소를 띠고 있어 부드럽고 온화한 인상을 느끼게 한다.

법의는 변형 통견 형식으로 왼쪽 어깨에 편삼을 입고 그 위에 입은 대의는 왼쪽 어깨를 덮고, 오른쪽 어깨를 살짝 덮어 흘러내린다. 오른쪽 어깨의 대의 가장 안쪽 주름이 깃처럼 흘러내리는 점이 특이한 기법이며, 수직으로 내려온 편삼 자락이 배 앞에서 반원형을 그리며 대의자락과 대칭을 이루는 점은 조선 후기 불상에서 흔히 보이는 형식이다.

수인은 아미타여래의 하품중생인으로 양손 모두 엄지와 중지를 맞대어 오른손은 손등을 위로 하고 왼손은 손바닥을 위로 한 모습이다.

최근 복장을 개봉하였는데 황동제의 후령통과 이것을 싼 황초폭자, 복장발원문, 주서다라니, 경전인쇄물이 발견되었으며, 복장발원문을 복사하고 촬영한 후 다른 복장유물과 함

께 다시 복장하였다고 한다. 복장발원문에 의하면 이 보살상의 원소장처는 '적조암(寂照庵)'이라고 기록되어 있고, 여기에 증명하는 홍보나 사흘, 별좌나 도감으로 등장하는 인물은 『범어사지(梵魚寺誌)』에 모두 전하고 있으며, 보살상을 조각한 화승도 진열(進悅), 청우(淸雨), 청휘(淸徽), 관성(貫性), 옥홀(玉忽) 등 1722년 경종 2 범어사 비로전 목조비로자나삼존불좌상(부산광역시 유형문화재 제71호)을 중수하고 관음전 목조관음

보살좌상(부산광역시 유형문화재 제70호)을 조성한 인물들이다.

범어사 불보살상의 중수와 조성을 담당했던 이들이 함께 참여하여 조성하였다는 점에서 이 보살상이 모셔졌던 적조암은 아마도 범어사 인근에 있는 범어사와 관련 있는 암자로 추정된다. 따라서 여여정사의 목조관음보살좌상은 소형의 보살상이지만 진열의 작풍을 잘 보여주고 있다는 점에서 조선후기 불상의 양식 및 화승 연구에 좋은 자료가 될 뿐만 아니라 당시 사찰의 사세(寺勢)나 운영을 짐작해 볼 수 있는 실마리를 제공해주는 작품으로 평가할 수 있다.

7

산청의 불상

석남암사지 석조비로자나불좌상
단계리 석조여래좌상
도전리 마애불상군
율곡사 목조아미타삼존불좌상
정취암 목조관음보살좌상

석남암사지 석조비로자나불좌상

경상남도 산청군 삼장면 대포리 582 내원사
보물 제1021호
1990년 3월 2일 지정

원래 이 불상은 내원사 북쪽 지리산 중턱 약 900m 지점의 절터에 있던 것을 1953년 내원사로 옮겼다. 산 위에서 불상을 옮겨올 때 무게를 덜기 위해 불상 몸의 뒷면을 깎아내었다고 한다. 뒤에 불상이 있던 바위 위에 흩어져 있던 대좌와 광배 조각도 불상과 한 조를 이루는 것으로 확인되어 내원사로 옮겨 복원하였다. 현재 불상의 높이는 108cm이며 무릎의 너비는 90cm이다. 대좌 높이는 103cm이고 광배의 높이는 117cm이다.

오랜 세월 비바람을 맞아서 불상의 표면은 세부를 정확히 파악하기 어려울 정도로 마멸된 상태이지만 전체적으로 당당하고 세련된 모습이다. 결가부좌의 자세로 앉아 있는 좌상으로 민머리에 육계는 높고 큰 편이다. 얼굴은 둥글고 양감이 풍부하며 눈, 코, 입은 과장되지 않고 단정한 느낌을 준다.

불상의 상체는 어깨를 펴고 가슴도 자연스럽게 표현하였으며 허리를 꼿꼿하게 세운 자세이다. 어깨나 팔도 양감을 풍부하게 함으로써 인체의 사실적인 아름다움을 잘 표현하였다. 수인은 아래쪽의 왼손 검지를 위쪽의 오른손으로 감싸 쥐고 있는 모습으로 비로자나불의 지권인(智拳印)을 맺고 있다. 그런데 왼손 검지가 비현실적으로 길고, 두 손이 밑으로 내려져 있는 것은 9세기 중반에 많이 조성되었던 비로자나불의 지권인 표현과는 달리 사실적이지 않다. 이것은 지권인을 취하고

있는 비로자나불상이라는 도상을 처음 제작하면서 이전까지 한 번도 이러한 불상의 자세를 조각해보지 않았던 장인의 다소 어설픈 조각기법으로 보아도 좋을 것 같다. 그렇지만 이러한 선구적인 양식이 세상에 선을 보였기 때문에 이후 비로자나불상의 대표적인 수인으로 정착할 수 있었다는 점에서 이 불상을 조각한 이름 모를 장인의 시도는 높이 평가받아야 할

것이다.

대의는 통견으로 착용하였는데 두께가 얇아서 신체의 굴곡을 잘 드러내고 있으며, 옷 주름은 계단식으로 촘촘하고 부드럽게 표현하여 8세기 불상의 일반적인 옷 주름 특징을 잘 보여주고 있다.

불상 대좌는 상·중·하대의 3단으로 이루어져 있는데, 하대와 상대는 각각 아래로 깔린 연꽃과 위로 향한 연꽃 문양을 새겼다. 중대는 8각의 모서리마다 기둥을 새겼으며 중앙에는 구멍이 뚫어져 있다. 광배에는 연꽃무늬와 불꽃무늬가 새겨져 있는데, 위에서 오른쪽으로 비스듬히 아래쪽까지 깨어져 없어진 상태이다.

대좌 중대석 중앙에 있는 구멍에는 사리 장치가 있었는데, 도난당했다가 다시 찾아서 현재는 부산박물관에 보관되어 있다. 이 중 사리호(舍利壺)의 표면에 15행 136자의 명문이 새겨져 있어 이 불상을 연구하는 데 중요한 자료가 되었다.

이 명문에 의하면 영태(永泰) 2년, 즉 766년[혜공왕 2]에 비로자나불상을 조성하여 석남암사(石南巖寺)에 봉안한다는 내용이 있어 불상을 봉안했던 절이 석남암사라는 사실과 제작연대도 알 수 있게 되었다.

이 불상은 현재까지 우리나라 지권인 비로자나불상의 가장 빠른 조성 사례로서 조각사 편년 및 불교사상사 연구에 크게 기여하고 있다.

단계리 석조여래좌상

경상남도 산청군 신등면 단계리 784
경상남도 유형문화재 제29호
1972년 2월 12일 지정

  이 불상이 있는 단계지역은 옛날부터 냇물이 넘쳐 수해가 자주 일어나므로 이를 막기 위해 불상을 세웠다는 이야기가 전해온다. 불상의 높이는 2.23m인데, 훼손된 부분이 많아서 원래 모습을 알기 힘들며 머리는 절단되어 근처에 있던 것을 옮겨서 붙였다고 한다.

  머리 위에는 육계가 큼직하게 솟아 있고 머리는 민머리로 표현하였다. 얼굴은 살이 올라 통통한 둥근 형태이지만 마멸이 심하여 세부적인 묘사는 정확히 알 수 없다. 불상의 상반신은 오른쪽 부분이 거의 떨어져 나갔으나 남아있는 부분을 보면 어깨는 넓고 각이 진 모습이고 가슴도 당당히 펴서 건장한 체구를 표현하였다. 하체는 오른쪽 무릎 부분에 손상을 입었다.

  대의는 우견편단의 형식으로 굵은 옷 주름이 뚜렷하게 표현되어 있으며, 두 무릎 위에서는 타원형의 곡선을 그리고 있다.

  이 불상은 오른손은 남아있지 않지만 왼손은 몸 앞에서 약합의 형태를 띤 지물(持物)을 받들고 있으므로 약사여래로 추정할 수 있다.

  불상의 대좌는 중대석이 없고 위로 향한 연꽃을 새긴 상대석과 아래로 깔린 연꽃을 새긴 하대석이 남아있다. 꽃잎은 끝이 고사리 형태로 말린 귀꽃 모양으로 고려시대에 유행했던

문양을 잘 표현하고 있다.

 광배는 깨어져서 파편 2개가 근처에 남아있고 불상 뒷면에는 광배를 꽂는 촉이 2개 뚫려 있다. 이 불상은 얼굴의 세부 형태는 알 수 없으나 평행선의 옷 주름이나 어깨나 가슴의 표현, 연꽃대좌의 형식, 상체에 비해 빈약한 하체의 표현 등으로 보아 고려시대 전기에 제작된 불상으로 추정된다.

도전리 마애불상군

경상남도 산청군 생비량면 도전리 산 61-1
경상남도 유형문화재 제209호
1982년 8월 2일 지정

이 마애불상군이 위치한 '도전(道田)'이라는 마을은 밭 가운데 길이 생기면서 들이 온통 길로 바뀌자 '길밭'이라는 이름을 붙였다고 한다. 불상군은 산청에서 진주로 향하는 20번 국도변에 있는 부처덤이라 불리는 구릉 남쪽의 암벽에 새겨져 있다.

오랫동안 방치되고 험한 절벽에 위치하고 있어 접근이 쉽지 않았는데 2008년에 산청군에서 진입로를 정비하여 쉽게 관람할 수 있게 되었다.

이 불상이 새겨진 자연석 암벽은 표면이 울퉁불퉁하여 마애불을 새기기에는 적합한 재질이 아니다. 또한 암벽 아래는 경사가 심한 비탈면이어서 지형조차도 불상을 제작하기에는 쉽지 않은 곳이다. 이처럼 제작 여건이 어려움에도 불구하고 암벽을 4단으로 나누어 1층에 14구, 2층에 9구, 3층에 3구, 4층에 3구 3의 불상을 새겼다. 크기는 대체로 30㎝ 정도의 작은 불상이다.

대체로 연꽃이 새겨진 1단 또는 2단의 대좌 위에 결가부좌의 자세로 앉아 있으며 아주 얕게 돋을새김하거나 선 새김으로 불상을 표현하였다. 불상은 민머리에 큼직한 육계가 솟아있고, 얼굴은 둥글고 단아하지만 눈, 코, 입은 의도적인 손상과 풍화로 인해 심하게 마멸되어 세부 묘사는 파악하기

어렵다.

　법의는 통견의 옷차림인데 옷 주름은 비교적 촘촘히 새겼다. 불상들의 수인은 선정인, 시무외인, 왼손에 보주 또는 약합을 받쳐 들고 있는 모습, 옷자락으로 손을 가리고 있는 모습 등 다양하게 묘사되어 있다. 불상들은 바위 면을 오목새김 하여 머리 광배와 몸 광배를 표현하였다.

　이 마애불상군 옆에는 글씨도 새겨져 있는데 '김○자', '○○先生' 등의 내용이다. 불상을 제작하던 당시에 이 명문이 새겨졌는지는 알 수 없다.

신체의 탄력성이 줄어들고 옷 주름이나 연화대좌의 연꽃 표현 등에서 세련미가 다소 떨어진 불상의 조각기법을 통하여 대체로 고려시대의 불상으로 추정된다.

2011년 8월 23일부터 10월 23일까지 국립진주박물관에서는 특별전 '산청'이 개최되었다. 산청의 여러 문화재들이 전시된 가운데 도전리 마애불상군의 전면 탁본이 공개되었다. 탁본 과정에서 지금까지 알려지지 않았던 여러 구의 불상과 명문을 확인하여 학계에 새로운 연구 자료를 제시하게 되었다.

율곡사 목조아미타삼존불좌상

경상남도 산청군 신등면 율현리 1034
경상남도 유형문화재 제373호
2002년 8월 14일 지정

    율곡사는 신라시대 원효대사가 세웠다고 전하며 조선 초기 지리지인 『신증동국여지승람』에도 기록되어 있다. 이 삼존불상은 보물 제374호로 지정된 율곡사 대웅전에 봉안되어 있다.

    삼존불은 중앙에 목조 아미타여래상이 앉아 있고 좌우에는 협시보살상이 배치되어 있다. 아미타여래상은 높이가 123.8㎝이며, 좌협시인 관음보살상의 높이는 107.7㎝, 우협시인 대세지보살상의 높이는 107.7㎝로 삼존불 모두 결가부좌의 자세를 취하고 있다.

    아미타여래좌상은 어깨와 무릎 폭이 넓어 안정감이 있으며 신체에 비해 머리가 큰 편이다. 머리는 육계의 구분이 명확하지 않으며 정상계주와 중앙계주를 표현하였고 머리카락은 나발의 형식이다. 얼굴은 방형에 가깝고 이목구비가 뚜렷하며 백호는 표현하지 않았다. 목에는 삼도를 새겼다.

    법의는 통견의 형식이며 가슴 아래에 띠를 묶은 군의를 표현하였다. 양 손은 따로 만들어 끼웠고 엄지와 중지를 맞대고 있는데 그 사이에 작은 구슬을 쥐고 있다. 수인은 아미타불의 하품중생인을 맺고 있다.

    이 불상에서 보이는 방형의 얼굴과 수평면을 이루는 군의 상단 표현, 속에 편삼을 입은 변형 통견 형식의 옷차림, 결가부좌한 다리 사이에 표현된 4줄의 대칭 옷 주름은 17세기 불

상에서 유행한 형식이다.

좌협시인 관음보살상은 여래상과 같은 수인과 옷을 입었는데 왼손은 엄지와 중지를 맞대어 가슴 위로 들었고 오른손은 무릎 위에 올려놓았다. 보관은 화염보주와 꽃·새·구름 문양으로 장식하고 좌우에 수식을 달아 늘어뜨린 매우 화려한 모습이다. 높은 보계(寶髻)와 어깨에 늘어진 머리카락은 3개의 둥근 고리를 이루면서 팔꿈치까지 부드러운 곡선을 그리며 흘러내렸다. 우협시인 대세지보살상도 관음보살상과 반대의 손 모습만 제외하면 거의 동일한 모습이다. 아미타삼존상의 양 손과 보살상의 보관은 따로 만들었으며 바닥 면에는 방형의 복장공이 있다.

2002년 개금불사를 할 때 복장을 열었는데, 본존불상은 복장물은 남아있지 않았으며, 관음보살상에서는 후령통(喉鈴桶)·오보병(五寶瓶)·오방경(五方鏡)·다라니가 발견되었고, 대세지보살상에서는 후령통 일괄과 묘법연화경, 그리고 다량의 다라니가 수습되었다. 또한 본존인 아미타상의 상대 대좌 윗면 중앙에서 묵서가 발견되었는데, 기록에 의하면 1746년영조 22에 개금하였음을 알 수 있고, 연화대좌 윗면에는 "전라도(全羅道)"라는 묵서가 쓰여 있다.

이 삼존불은 복장물에서 조성 당시의 기록은 나오지 않았지만 관련 유물과 다라니 등이 수습되어 17세기 불상의 양식 연구에 좋은 자료가 된다.

정취암 목조관음보살좌상

경상남도 산청군 신등면 양전리 927-2
경상남도 문화재자료 제314호
2002년 8월 14일 지정

정취암은 대성산 중턱의 절벽에 터를 닦아 세워진 절이다. 전해지는 설화에 따르면 의상대사가 창건하였다고 한다. 1354년(공민왕 3)에 화경, 경신 두 거사가 정취암을 중건한 후 정취보살(正趣菩薩)을 모셨다고 하는데 1652년(효종 3)에 불이 나서 모든 전각이 불타고 정취보살상도 소실되었다고 한다. 원래 정취보살은 목표를 향하여 묵묵히 걸어간다고 하여 무이행보살(無異行菩薩)이라고도 하며, 『화엄경』「입법계품」에 선재동자가 53명의 선지식을 만날 때 29번째로 등장하는 보살이다. 강원도 양양 낙산사에 이 보살과 사굴산문 범일조사에 얽힌 이야기가 전해온다.

정취암은 바로 이 정취보살의 이름에서 절 이름을 따왔다. 절에서는 이 관음보살상을 정취관음보살이라고 부르며, 1996년 대웅전을 원통보전으로 바꾸고 원래 있던 석가여래좌상은 응진전으로 옮겨 봉안하고 이 보살상을 개금한 후 본존불로 봉안하였으며 후불탱화도 관음탱화로 조성하여 봉안하였다. 원래 대웅전이었던 전각이 원통보전(圓通寶殿)으로 바뀌고 절의 주존(主尊)도 바뀐 셈이다.

관음보살상의 높이는 약 50cm로서 크지 않은 불상인데, 불상의 신체와 위로 향한 연꽃이 새겨진 낮은 대좌가 하나의 목재로 제작되었다. 불상의 자세는 등을 세우고 있어 조선 후기

불상들의 일반적인 모습과는 차이가 있다. 머리부분은 약간 앞으로 내밀고 있는 모습이다.

　머리에는 보관을 쓰고 있다. 후대에 따로 만들어 씌운 것으로 보이는 보관은 중앙에 아미타불의 화불을 새기고 앞뒤에는 불꽃무늬 장식이 달려 있으며 좌우 측면에는 끝에 화염장식이 달려 있는 가지를 하나씩 달아내어 치레걸이를 달아서 화려하게 치장하였다. 보관 아래 머리카락은 간략히 표현하였는데, 어깨까지 머리카락이 흘러내리고 정수리에서는 두 갈래로 나누어 뒤로 말아 마무리하였다.

얼굴은 방형에 가깝고 턱은 둥글게 표현하였으며 가늘고 긴 눈과 입가에는 미소를 머금고 있어 온화한 인상을 준다. 짧은 목에 삼도를 얕게 표현하였다.

법의는 양 어깨를 감싼 통견의 형식이며 반 단을 오른쪽 어깨에 걸치고 있다. 가슴 아래에서 수평의 군의가 보이는데 꽃잎 모양으로 주름진 모습이다. 옷 주름은 비교적 간략한데 반가부좌하여 드러난 오른발 밑으로 보이는 군의 자락을 종아리와 평행하게 드리운 것이 특징이다. 두 손은 따로 만들어 끼웠고 각각 엄지와 중지를 구부려서 맞대고 있다.

안정감 있고 단아한 인상을 주는 보살상으로 조성 시기는 조선 후기로 추정된다.

8
양산의 불상

용화사 석조여래좌상
미타암 석조아미타여래입상
가산리 마애여래입상
원효암 석조약사여래좌상과 복장유물
원효암 마애아미타삼존불입상

용화사 석조여래좌상

경상남도 양산시 물금읍 물금리 595
보물 제491호
1968년 12월 19일 지정

이 불상은 원래 김해시 상동면 감로리의 절터에 있던 것을 조선시대 말에 부근의 강변으로 옮겼으며 1947년 용화사 법당을 중수하면서 용화사로 옮겨왔다. 지금은 새로 지은 대웅전에 주존불로 봉안하고 있다. 대좌와 광배를 모두 갖추고 있는 불상으로 한때는 불상 전체를 호분으로 칠하였으나 지금은 다 걷어낸 상태이다.

불상의 신체는 어깨가 넓고 둥글며 가슴과 팔, 다리는 양감이 풍부하고 신체의 굴곡이 뚜렷하여 볼륨 있는 체구를 보여준다. 또 무릎의 폭이 넓어 상체와 조화를 이루고 있다.

머리는 나발의 형식이며 육계가 솟아있다. 방형에 가까운 얼굴에 턱 선은 둥글게 깎았고, 눈은 가늘며 입과 코도 작은 편으로 단정한 인상을 느끼게 한다. 목에는 삼도가 표현되었는데 목 아래쪽까지 내려와서 선 새김 되어 있다. 옷차림은 우견편단의 형식으로 표현하였는데 옷 주름은 왼쪽 팔에만 조밀하게 새겼으며 대체로 간략하게 처리하였다. 손 모습은 오른손은 손바닥을 아래로 하여 무릎에 대고 있으며 왼손은 손바닥을 위로 하여 배 아래에 댄 항마촉지인을 하고 있다. 손은 조각수법이 거칠고 투박한 편이다.

광배는 윗부분이 약간 파손된 상태인데, 형태는 배 모양의 거신광으로서 내부에는 두 줄의 돋을새김 띠로 머리 광배와

몸 광배를 구분하였다. 머리 광배 안에는 8잎의 연꽃무늬를 두 겹으로 조각되었다. 그리고 바깥쪽에는 불꽃무늬와 구름무늬, 광배 윗부분에는 1구의 화불, 중앙의 양쪽에는 공양비천상(供養飛天像)을 새겼다. 광배에 이러한 비천상이 있는 것은 매우 드문 예로서, 전라남도 대흥사북미륵암마애여래좌상(보물 제48호)의 광배와 동일한 형식이라 할 수 있다.

대좌는 3단의 팔각형 연꽃대좌로 상대는 위로 향한 홑잎 연화문을 두 겹으로 새겼고, 중대는 팔각으로 각 면에 비천상, 보살 형상의 공양상, 팔부신중을 조각하였다. 하대는 아래로 누운 연꽃무늬가 새겨져 있다.

이 불상은 통일신라시대 중기의 불상 양식을 보여주지만 신체 세부 표현에서는 간략하고 형식적인 모습이 나타나고, 광배와 대좌의 조각에서도 통일신라시대 후기 양식을 잘 반영하고 있으므로 9세기 경에 조성된 것으로 추정된다.

미타암 석조아미타여래입상

경상남도 양산시 웅상읍 소주리 산171-2
보물 제998호
1989년 4월 10일 지정

　미타암 석조아미타여래입상은 입구에서 9m 정도 들어간 석굴 속에 봉안되어 있는데, 신체와 광배, 대좌가 모두 다 한 돌로 조각되었다. 불상의 전체 높이는 205cm이고 불상의 신체 높이는 149cm이다.

　불상의 신체는 어깨가 넓고 건장하며 상체가 큰 데 비해 하체가 짧은 편이다. 머리카락은 나발의 형식으로 표현하였고 큼직한 육계가 솟아있다. 눈은 가늘고 입은 굳게 다물어 근엄한 인상을 느끼게 한다. 귀는 어깨까지 내려올 정도로 길고 목에는 삼도가 새겨져 있다.

　옷차림은 통견의 형식으로 대의는 부드러운 주름을 지으며 온 몸을 감싸고 있는데, 몸 중앙에서 U자형의 옷 주름을 이루면서 흘러내려 발목에서 좌우 대칭을 이루고 있다. 양팔을 걸쳐 물결무늬로 표현한 옷단은 발목에서 좌우대칭을 이루고 있는 모습이다.

　왼손은 몸에 붙여 곧바로 내리고 오른손은 가슴에 대고 엄지와 검지를 맞대고 있는데, 이러한 손의 자세는 둥근 어깨선과 평판적인 가슴 및 대좌 위에 직립한 자세와 함께 경주 감산사석조아미타불입상(719년 작, 국보 제82호)과 유사한 양식적 특징을 보이고 있다. 다만 옷 주름이나 띠 매듭 표현과 같은 세부 기법에서는 감산사 상보다 경직되고 도식적인 면이 나

타나고 있어 제작 시기가 내려가는 데 따른 시대적인 변화를 느낄 수 있다.

광배는 배 모양 거신광으로 전체적인 윤곽이나 두 줄의 돋을새김 띠로 구분한 머리 광배와 몸 광배, 광배 안에 다시 두 줄의 돋을새김 띠로 구획을 짓고 구획 안에 꽃무늬를 배치한 것, 그리고 외곽에 불꽃무늬를 배치한 것 등은 감산사 상 광배와 유사하다.

대좌는 2단의 원형 연꽃무늬대석과 그 아래의 사각받침으로 이루어져 있는데, 각 면에 2구씩의 안상이 새겨져 있다. 연꽃잎 안에 꽃무늬가 새겨진 연꽃대좌의 모습은 감산사석조미륵보살입상(719년작, 국보 제81호)의 대좌와 거의 같다.

이 불상이 있는 석굴은 자연동굴이지만 인공을 가한 흔적이 뚜렷한데, 신라 경덕왕 때 다섯 명의 비구가 수도하던 석굴에 극락왕생을 기념하기 위해 조성하였다는 『삼국유사』권5 「포천산오비구경덕왕대(布川山五比丘景德王代)」조에 나오는 포천산 석굴불상으로 추정되면서 주목을 받은 불상으로, 8세기 통일신라 불상양식의 한 계보를 살펴볼 수 있다. 또한 신라 아미타신앙의 전개과정과 함께 8세기 무렵에 석굴 사원이 어떻게 조성되었는지를 이해할 수 있는 귀중한 자료이다.

가산리 마애여래입상

경상남도 양산시 동면 금산리 산3-2
경상남도 유형문화재 제49호
1972년 2월 12일 지정

    이 마애불은 범어사 북쪽 금정산 정상 부분의 화강암 절벽 위에 새긴 불상이다. 가는 선 새김으로 불상을 조각하였는데 지금은 오랜 비바람에 풍화되어 손상이 심하게 된 상태이다.
    머리는 소발의 형식이며 육계가 높게 솟아있다. 눈썹은 깊숙하게 새겨서 뚜렷하게 남아있고 눈은 가늘게 나타내었다. 코는 콧방울이 뚜렷하게 새겨져 있으며 입은 꾹 다물고 있는데 입술이 두툼하게 표현되었다. 삼도가 표현되었으며 어깨는 넓고 약간 각이 진 모습이다.
    법의는 우견편단으로 처리하였으며 오른쪽 옆구리에서 왼쪽 어깨로 가로지르는 한 단의 옷섶이 둥글게 새겨졌기 때문에 가슴이 많이 드러나 보인다.
    무릎 아래에는 두 줄의 완만한 V자 법의 끝단이 남아있으나 불상을 표현한 새김 선이 매우 얕고 가는데다 마모가 심하고 바위 여러 곳에 균열까지 있어 법의의 형태나 옷 주름 세부 표현을 정확히 알아 볼 수 없다.
    수인 또한 명확하지는 않지만 오른손은 가슴 부근까지 들어올리고 왼손은 아래로 내려뜨린 것으로 짐작된다. 광배의 표현 여부는 정확하게 알 수 없으나 대좌는 홑잎의 연꽃을 새긴 연꽃대좌로 추정된다.
    이 불상은 12m에 달하는 거대한 마애불로서 분명하게 남

아있는 부분이 거의 없을 만큼 마멸이 심하여 자세히 알아볼 수는 없으나 상호의 표현이나 각이 두드러진 어깨선, 그리고 거구의 신체에 생략된 옷 주름 선들과 도식적으로 단순화되어 사실성이 결여된 표현들에서 고려시대의 거석불의 특징을 잘 나타내고 있다.

원효암 석조약사여래좌상과 복장유물

경상남도 양산시 상북면 대석리 산 6-1번지
경상남도 유형문화재 제430호
2005년 7월 21일 지정

원효암 석조약사여래좌상은 「불상조성기」를 통해 원래 통도사 약사전에 봉안되어 있었는데 뒤에 원효암으로 옮겨왔다는 사실을 확인하였다. 이 불상은 파손되거나 도금한 부분이 떨어져 나가지 않고 대체로 양호한 상태의 불상으로 높이는 77㎝이다. 불상의 신체는 등을 구부리고 머리를 앞으로 약간 숙여 아래를 굽어보고 있는 자세이다.

머리는 신체에 비해 작은 편이고 오른쪽으로 약간 기울어져 있으며 일정한 크기의 나발을 촘촘히 붙여 머리카락을 표현하였다. 육계는 머리와 구별하기 어렵고 머리 중앙에 반달 모양의 중앙계주와 정수리에 원통형의 정상계주를 나타내었다. 어깨는 둥글고 좁은 편이며 목은 짧은데 삼도는 목 아래에 간략하게 선 새김 하였다.

수인은 항마촉지인을 취하고 있다. 왼손은 자연스러운 반면 오른손은 엄지손가락이 다른 손가락에 비하여 짧고 옆이 다소 두꺼워 보이는데, 이것은 석조 불상의 특징이라 할 수 있다.

불상의 옷차림은 변형된 통견 형식으로 오른쪽 어깨에 아래 편삼을 입고 그 위에 대의를 걸친 모습이다. 가슴은 평판처럼 표현되어 양감을 느낄 수 없다. 가슴 아래에는 군의를 띠로 묶었으며 띠 위에 표현된 군의 상단은 꽃잎처럼 주름지

게 새겼다. 이러한 옷차림은 조선 전기부터 유행한 형식이다. 결가부좌한 양 다리 사이의 군의자락은 부채꼴처럼 넓게 펴져 있는데 단면이 매우 두껍다.

  불상 밑바닥 가운데에는 복장공이 마련되어 있고, 입구에는 한지를 붙였다. 복장물은 「불상조성기」를 비롯하여 인쇄본 다라니, 약재, 동제 후령통과 후령통 내에 오곡과 오색실 등 다양하다.

  이 불상은 석조 불상으로서 사람 크기에 가까울 정도로 규모가 클 뿐만 아니라 복장유물에 순치(順治) 5년, 즉 1648년

(인조 26)이라는 절대연대가 밝혀져 있어 조선시대 석불연구에 중요한 자료로 평가된다.

원효암 마애아미타삼존불입상

경상남도 양산시 상북면 대석리 산6-1번지
경상남도 유형문화재 제431호
2005년 7월 21일 지정

원효암 마애아미타삼존불입상은 아미타여래를 중심으로 좌우에 관음보살상과 대세지보살상이 서 있는 모습이다. 아미타삼존불은 낮은 돋을새김으로 조각되었으며, 세부표현은 오목새김의 선으로 나타내어 평면적이며 회화적인 느낌이 든다.

본존불인 아미타여래는 원형의 머리 광배와 몸 광배가 표현되었으며 손 모습은 왼손은 복부 앞에서 엄지와 중지를 맞대고 있는 듯하지만 조각기법이 정교하지 못하며, 오른손은 팔을 내려 다섯 손가락을 편 채 손등을 보이고 있어 특이한 모습이다. 신체에 비해 머리가 작고 어깨가 넓어, 상반신에 비해 하반신이 훨씬 길어 보이며, 전체적으로 안정감을 준다.

머리는 나발의 형식으로 표현하였고, 머리와 육계의 경계가 분명하다. 삼각형의 육계 정상부에는 거의 삼각형에 가까운 정상계주를, 그리고 머리와 육계의 경계에는 반원형의 중간계주를 표현하였다. 통통한 얼굴은 둥글며, 좁은 이마의 중앙에는 원공으로 백호를 나타내었다. 좌우 수평으로 긴 눈과 오목하고 작은 코와 입술의 얼굴 표현에서 부드러운 인상을 느낄 수 있다. 목은 아주 짧은데 얼굴과 가슴 경계선에 삼도를 뚜렷이 표현하였다.

불상의 옷차림은 오른쪽 팔위에 편삼을 걸치고, 그 위에 대

의를 입은 변형통견식이다. 대의의 주름은 일정한 간격을 두고 음각하였고, 대의의 끝자락이 부드러운 곡선을 이루며 좌우로 넓게 퍼지고 있다. 양발은 연꽃을 밟고 있는 모습으로 대좌를 표현하였으며 머리 광배와 몸 광배는 오목새김을 한 뒤에 바탕선 주위를 더 파내어 도드라지게 표현하였다.

 이 본존불의 좌우에는 본존불을 향해 합장인(合掌印)을 취하고 둥근 머리 광배를 표현한 관음보살과 대세지보살이 서 있다. 좌협시인 관음보살상은 머리에는 장식이 화려한 보관을 쓰고 있으며, 보관 좌우로 흘러내린 보발이 어깨를 덮고 허리부분까지 곡선을 그리며 흘러내리고 있다. 얼굴은 약간 길고 둥근 형태인데, 반달형의 눈썹, 눈 꼬리가 살짝 올라간 긴 눈, 주변을 파서 작지만 오목하게 표현한 코, 작은 입술은 온화하면서도 여성적인 보살상의 이미지를 잘 살리고 있다. 삼도는 본존과 마찬가지로 거의 수평에 가깝게 음각하여 나타내었다. 옷차림은 본존과 유사하지만 좌우로 흘러내린 천의자락이 보다 부드러운 곡선으로 처리되어 보살상의 부드러운 이미지를 느끼게 한다. 팔목에는 팔찌를 음각하여 나타내었고, 무릎위에는 영락장식이 표현되었다. 대세지보살은 관음보살상과 거의 유사하게 표현하였으나 전체적으로 관음보살에 비해 새김이 얕아서 섬세한 느낌이 적다.

아미타삼존의 윗부분에는 오목새김으로 「나무아미타불(南無阿彌陀佛)」이라고 새겨져 있으며, 우협시보살상의 오른쪽에는 위에서 아래 방향으로 「세존응화이천구백삼십삼년사월일(世尊應化二千九百三十三年四月 日)」이라고 새겨져 있다. 또 삼존의 아래에는 '강응수(姜膺秀)', 삼존의 방향에서 왼쪽 암석에는 '이우영(李瑀榮)', '안규행(安珪行)', '우창옥(郵創玉)', '정기남(鄭基南)'이라고 발원자 이름이 새겨져 있다.

이 마애불은 새김글을 통하여 아미타불이라는 본존의 존명(尊名)과 1906년이라는 절대연대를 알 수 있으며, 비록 제작시기가 떨어지지만 한 폭의 불화를 연상시킬 정도로 정교하고 섬세한 조각수법을 보인다는 점에서 중요한 작품이다.

9
의령의 불상

중교리 석조여래좌상
백련암 목조보살좌상과 복장유물 일괄
수도사 석조아미타여래삼존상과 복장유물 일괄
천지사 석조여래좌상

중교리 석조여래좌상

경상남도 의령군 정곡면 중교리 428-1 정곡초등학교
경상남도 유형문화재 제6호
1972년 2월 12일 지정

　　1925년 의령군 정곡면 석곡리 미륵골에 있는 옛 절터에서 불상 2구가 출토되었다. 이 불상들은 정곡초등학교 교정으로 옮겨졌다. 발견될 당시에 불상의 머리 부분과 팔, 무릎 부분이 많이 훼손된 상태였다고 한다.

　　그런데 정곡초등학교에 가보면 불상이 1구밖에 없다. 2000년도까지 좌우에 2구의 불상이 함께 있었지만 하나를 도난당하여 현재는 하나의 불상만 남아있는 것이다. 남아있는 불상은 높이가 88cm이며, 도난당한 불상은 높이가 67cm였다고 한다. 이 두 불상 모두 연화대좌 위에 결가부좌를 하고 앉아 있는 좌상이며 머리는 복원하였고 신체 곳곳에는 마멸되고 떨어져 나간 부분이 많았다.

　　도난되기 전의 사진을 보면 남아있는 큰 불상의 뒤에 광배가 있었다. 광배의 모양은 배 모양의 거신광이었으며 높이는 96cm이고, 폭은 78cm로 둥근 머리 광배와 몸 광배를 돋을새김 하였다. 그리고 안쪽은 굵고 바깥쪽은 가는 2조의 윤곽선을 새겼다. 머리 광배 내부에는 직경 17.5cm의 원을 그리고, 그 둘레에는 꽃무늬를 배치하고, 가장자리의 나머지 공간에 불꽃 문양을 새겼다. 그러나 이 광배도 현재는 남아있지 않다.

　　예전 사진 속의 작은 불상은 머리와 오른팔, 그리고 왼손을 잃어버렸으며 양 무릎이나 팔 등은 부분적으로 복원한 상태

였다. 법의는 우견편단의 형식으로 표현하였다. 법의는 왼쪽 어깨에서 등으로 걸쳐 수직으로 늘어지는 주름이 표현되었다. 그리고 허리 오른쪽으로 연결되는 주름이 희미하게 남아 있었다. 수인은 항마촉지인을 맺고 있었다. 대좌는 16잎의 겹

꽃잎이 표현된 직경 60㎝의 대좌였다.

현재 남아있는 큰 불상은 머리를 복원하였으며 왼쪽 무릎과 양쪽 어깨의 일부, 팔 등도 부분적으로 복원하였다. 법의의 형식은 우견편단이며 왼쪽 팔목에도 어깨에서 흘러내린 주름이 표현되었다. 오른쪽 가슴을 완전히 드러낸 채 오른쪽 허리로 법의의 주름이 돌아가고, 오른쪽 어깨에는 편삼자락이 표현되고 등 뒤에는 한 단의 목깃이 대의자락과 뒷목을 둥글게 덮으며 왼쪽 어깨에서 지그재그 무늬를 형성하면서 아래로 흘러내린다. 오른쪽 어깨 위에 걸친 반달 모양의 편삼자락은 통일신라 불상에 많이 보이는 옷차림이다.

수인은 손을 잃어 정확히 알 수는 없으나 남아있는 팔의 자세를 보면 삼국시대 유행하던 불상 수인인 선정인(禪定印)을 맺고 있는 것 같다. 오른쪽 무릎을 보면 하체는 단순하게 처리하여 양감이 부족하다는 느낌이 든다.

이 불상은 둥글고 넓으며 당당히 편 어깨에 양감이 풍부한 가슴과 잘록한 허리 등에서 통일신라시대 불상의 양식을 엿볼 수 있다.

백련암 목조보살좌상과 복장유물 일괄

경상남도 의령군 가례면 개승리 792
경상남도 유형문화재 제416호
2005년 1월 13일 지정

백련암은 의령군에 있는 자굴산 중턱에 자리 잡고 있다. 전해지는 이야기로는 1317년 고려 충숙왕 4에 창건되었다고 한다. 그 후에 1893년 고종 40 주선 스님이 중창하였다는 기록이 남아 있다. 암자의 연혁에 대해서는 이 기록 외에는 알려진 것이 없으며 근래에 여러 차례 절집을 중수하였다.

이 보살상은 현재 백련암 대웅전에 모셔져 있다. 대웅전은 정면 3칸, 측면 2칸의 팔작지붕 기와집으로 최근에 세운 건물이다. 이 보살상은 대웅전의 주존불로서 봉안되어 있는데 나무로 조성한 보살상으로 상, 중, 하단으로 구성된 연화대좌 위에 결가부좌를 하고 앉아 있는 좌상이다.

방형의 얼굴에 머리에는 보관을 쓰고 있는데 얼굴을 중심으로 양쪽에 보발이 흘러내린 것을 표현하였다. 대의는 일반적인 통견의 형식으로 배 아래에서 두 세 가닥의 주름으로 흘러내려 합쳐진 옷자락을 표현하였다. 군의는 가슴 아래에서 띠로 묶어 있으며 양 무릎 사이에서 부채 모양으로 펼쳐져 있다.

2003년 가을에 태풍 매미가 북상하면서 우리나라에 큰 피해를 줄 때 이곳 백련암에도 법당에 물이 새면서 이 보살상의 표면이 훼손되는 피해를 입었다. 그 때문에 개금불사를 하던 중 보살상의 복장에서 불상 조성기와 고문서 등이 발견되면서 이 보살상의 자세한 조성 경위를 알 수 있게 되었다.

　불상 조성기에 따르면 1705년 숙종 31 경상북도 자인에 있는 반룡사에서 미타법회를 열고 극락전의 협시보살로 이 보살상을 새로 조성하였다는 것이다. 보살상의 존명은 세지보살로 생각된다. 복장으로 봉안된 고문서로는 1500년 연산군 16 경상남도 합천 봉서사에서 판각된 『선종유심결(禪宗唯心訣)』을 비롯한 여러 불경 등이 있다.

또 이 보살상을 제작할 때 충옥(冲玉), 각초(覺初) 등 8명의 승려가 불상 제작에 참여하였다고 하며 이 밖에 탱화를 제작한 사람의 이름도 밝히고 있어 조선 후기 18세기 전후의 불상이나 탱화의 양식을 연구하는 데 중요한 자료로서 활용할 수 있다.

백련암 목조보살좌상은 보관의 장식이나 법의의 표현이 비교적 단순하고 간단하지만 신체 비례가 원만하고 단정한 품격을 느낄 수 있어 18세기에 제작된 불상 가운데서도 뛰어난 작품으로 평가할 만하다.

수도사 석조아미타여래삼존상과 복장유물 일괄

경상남도 의령군 용덕면 이목리 636
경상남도 유형문화재 제417호
2005년 1월 13일 지정

수도사는 의령 신덕산 중턱에 있는 사찰이다. 662년 문무왕 2 원효대사에 의해 창건되었다고 전하며, 임진왜란 때 소실되었으나 사명당 유정 스님이 다시 중건하였다고 한다.

수도사는 주불전이 극락전이다. 이 극락전에 석조아미타여래삼존불상이 모셔져 있다. 아미타여래좌상의 왼쪽에는 보관을 쓴 보살상과 오른쪽에는 두건을 착용한 보살상이 배치되어 있는데, 본존 아미타여래의 좌협시는 관음보살, 우협시는 지장보살로 보아도 좋을 것이다.

불상의 높이는 95.0㎝ 정도인데 삼존불상 모두 조선 후기 불상에서 보이는 특징인 상체를 아래로 숙여 내려다보는 자세를 보여주고 있어 신체는 등이 굽어 있는 모습이다. 아미타불상은 결가부좌의 자세로 오른손을 오른쪽 다리 위에 걸치고 항마인을 취하고, 왼손은 손바닥을 위로 향한 채 왼쪽 다리 위에 얹었다. 좌협시 보살상 역시 본존과 동일한 수인이며, 우협시 보살상은 좌우 손이 바뀐 모습인데 오른손 바닥에 끈(細)이 부착된 네모난 인장(印章)으로 보이는 지물을 들고 있어 특이하다. 우협시 보살상의 경우 머리에 두건을 착용하고 어깨에는 보발이 흘러내리는 점, 네모난 도장 모양의 지물 등 석장(錫杖)이나 보주를 쥐고 있는 일반적인 지장보살상과는 차이점을 보인다.

　아미타불은 머리에 중앙계주와 정상계주를 갖추고, 방형의 얼굴과 넓은 이마 중앙에 둥근 백호를 표현하였다. 넓고 또렷한 코, 각진 콧등, 꽉 다문 입술과 양 귀는 두툼하면서도 간략하게 조각되어 있다. 착의는 편삼과 오른쪽 어깨 위에 가사를 반쯤 걸친 변형통견의 형식이다. 가슴은 훤히 노출시켰으며 군의는 수평으로 표현하고 중앙에 띠를 두른 모습이다. 하반신의 옷 주름 표현은 자연스럽지 못하고 형식화되었다. 전반적으로 조선 후기 석조불상에서 보이는 형식화된 모습을 보인다. 특히 지장보살상의 특이한 옷차림과 지물은 17세기 이후에 나타나는 불상 제작의 지방화에 따른 현상으로 보인다.

　주존불인 아미타불상에서 나온 복장유물이 2002년 12월 도난당한 후 우협시인 지장보살상에서 「불상개분기(佛像改粉

記)」가 발견되어 삼존상 제작에 관련된 내용을 알 수 있게 되었다. 이 개분기에는 '성상즉위십일년병오(聖上卽位十一年丙午)'라고 기록되어 있는데, 이 시기를 1786년정조 10으로 추정하고 있으며, 이때 상단(上壇) 후불탱(後佛幀)을 조성하면서 개금불사를 하였다는 것을 알 수 있다. 따라서 불상의 조성 시기는 늦어도 1786년 이전에 제작된 것임을 알 수 있다. 일설에는 1675년숙종 1 조성으로 전하고 있으나 확실하지는 않고, 17~18세기의 작품으로 보고 있다.

한편, 화원으로는 평삼(評三)·영종(永宗)·유성(唯性)·쾌성(快性)·성윤(性允)·우심(宇心)·극찬(極贊)·영휘(永輝)·찰민(察敏)·환영(幻永) 등이 참여하였다고 하는데, 이들은 1786년 후불탱과 함께 봉안된 감로탱을 제작한 화승들이다. 즉, 후불탱 및 감로탱 등을 조성하면서 불상 개금을 동시에 했음을 알려 주고 있다.

이 삼존상은 수인과 옷 주름 표현 등에서 조선 후기 석재로 조성한 불상에서 보편적으로 나타나는 특징을 보여주고 있으며, 지장보살상 복장에서 수습된 「불상개분기」에 의해 이 삼존상의 조성 시기와 참여 화원들을 구체적으로 알 수 있어 이 시기 각 지역간 불상의 도상(圖像) 흐름을 살펴보는 데 자료적 가치가 크다.

천지사 석조여래좌상

경상남도 의령군 칠곡면 내조리 산 29-3
경상남도 문화재자료 제424호
2007년 6월 28일 지정

천지사는 의령군 자굴산 자락에 있는 사찰이다. 이 석조여래좌상은 천지사 지장전에 봉안되어 있다. 이 불상은 조그만 신체에 비해서 머리가 상당히 큰 편이다. 어깨와 무릎의 폭은 매우 좁고, 팔과 다리도 빈약한 모습이다. 일반적인 조선 후기 불상과 달리 허리를 꼿꼿이 세우고 결가부좌하여 앉은 자세로 양손은 무릎 위에 얹어 선정인을 맺고 있다.

불상의 머리 위에 있는 육계는 머리와 구별되지 않을 만큼 낮고 작은데, 머리와의 경계지점에 중앙계주가 있고 정수리에는 정상계주를 둔 이중계주를 표현하고 있으며, 머리카락의 표현은 나발의 형식이다.

얼굴은 긴 편이며 살이 올라있다. 이마의 중앙에는 큼직한 백호가 표현되어 있고 이목구비는 뚜렷하며 입가에는 희미하게 미소를 띠고 있다. 턱은 도톰하게 조각하였는데 턱 아래쪽에 둥글게 오목새김의 선을 넣은 것은 특이한 모습이다. 목에는 가늘게 삼도가 새겨져 있다. 가슴을 훤히 드러내어 젖꼭지도 표현하고 있다.

법의는 변형통견의 형식으로 오른쪽 어깨에 편삼을 살짝 덮은 대의를 겨드랑이로 빼내어 왼쪽 어깨 뒤로 넘겼다. 불상 뒷면 옷 주름은 왼쪽에서 오른쪽으로 흘러내리는 대의 주름을 반대로 표현하였으며 불필요한 주름도 표현하여 사실성을

잃었다. 그러나 가슴 아래에서 자연스러운 구김으로 처리한 군의 상단 표현이나 왼팔 윗부분에 표현된 끝단 주름, 군의 주름 처리는 자연스럽고 유연한 편이다.

  천지사 석조여래좌상의 특징은 다른 석불에서는 보기 드물게 머리의 정수리 부분과 바닥 부분에 복장공이 마련되어 있다는 점이다. 따라서 조선 후기의 전통적인 불상과는 양식적인 면에서 차이가 있으며 조선 후기 소형의 석조불상이 많이 남아있지 않으므로 조선 후기 석불 연구에 중요한 자료를 제공하는 불상이다.

10
진주의 불상

산청 사월리 석조여래좌상
월명암 목조아미타여래좌상
응석사 목조석가여래삼불좌상
청곡사 목조석가여래삼존좌상
청곡사 목조지장보살삼존상 및 시왕상 일괄
용암사지 석불
평거석조여래좌상
고산암 석조비로자나불좌상
성전암 목조여래좌상
연화사 목조아미타여래좌상
상평동 석조여래입상

산청 사월리 석조여래좌상

경남 진주시 망경동 산 3
보물 제371호
1963년 1월 21일 지정

현재 진주 금선암(金仙庵)에 봉안되어 있는 이 불상은 원래 산청군 단성면 사월리 남사들의 절터에 묻혀 있다가 1957년에 발견되어 이곳으로 옮겨 왔다고 한다. 광배와 대좌를 모두 갖추고 있는데, 광배 윗부분이 많이 파손되었고, 얼굴도 손상이 심한 것을 시멘트로 보수하였다. 불상의 높이는 1.33m이다.

머리카락은 나발로 표현하였으며 육계는 크고 낮다. 얼굴은 타원형으로 다른 불상들에 비해 길이가 길고, 백호가 크고 귀가 긴 것도 이 불상의 특징이라 할 수 있다. 얼굴의 손상이 심해 정확한 인상을 파악하기는 어렵다. 얼굴이 긴 탓에 코도 길고 크며 특히 인중이 두드러져 보인다. 목이 짧아서 삼도는 표현하지 않은 것 같다.

어깨가 넓고 크며 가슴도 발달한 모습인데 허리는 가늘고 그에 비해 무릎의 폭이 상당히 넓게 표현되어 안정감을 준다. 오른손은 결가부좌한 오른쪽 다리 위에 올리고 손가락 끝을 땅으로 향하게 하고 왼손은 결가부좌한 다리 중앙에 손바닥이 위로 향하게 한 항마촉지인을 취하고 있는데, 왼손 위에 약합을 받쳐 들고 있다.

대의는 우견편단의 형식으로 간격이 좁은 평행 옷 주름이 계단식으로 표현되어 있으며 하체에는 발목 부근에만 도드라

지게 군의 주름이 새겨져 있다. 양 무릎 폭이 넓어서 결가부좌한 다리 전체의 높이가 높은 편이며 앞으로 모은 군의자락 일부가 떨어져 남아있지 않다.

광배는 가장자리가 깨어진 상태인데 머리 광배와 몸 광배를 두 줄의 돋을새김 띠로 구획하였다. 광배의 띠 바깥쪽에는 공양상과 구름무늬가 조각되어 있다. 머리 광배 안에는 단순하게 조각된 연화문이 돋을새김 되어있다.

대좌는 팔각 연화대좌로서 상대는 큰 연꽃무늬를 조각하였는데 많은 부분이 파손되었다. 중대는 팔각으로 모서리마다 기둥을 표현하였고 각 면에 다양한 인물상을 새겼다. 지금은 한 쪽 무릎을 세우고 한 쪽 무릎은 꿇은 보살상, 두 손을 가슴에 모아 합장한 상, 그리고 지물(持物)을 든 신장상 등 5구만 남아있다. 이 상들은 부분적으로 손상되긴 했지만 부드럽고 사실적인 기법을 보여 준다. 하대는 겹잎의 아래로 깔린 연꽃잎이 새겨져 있다.

이 불상은 조각 수법이 투박하고 세련된 느낌이 덜하지만 옷 주름의 표현이나 대좌의 표현 기법은 대담하고 힘찬 느낌을 준다. 이러한 특징은 국립경주박물관에 소장되어 있는 경주 용장계 석조약사여래좌상과 유사한 것으로, 우견편단의 계단식 옷 주름, 신체의 힘 있는 표현, 그리고 항마촉지인을 한 손 모양 등이 닮아 보인다. 따라서 제작 시기는 대체로 9세기 경으로 추정된다.

월명암 목조아미타여래좌상

경남 진주시 미천면 안간리 산 200
보물 제1686호
2010년 12월 21일 지정

    월명암 인법당에 봉안되어 있는 이 목조아미타여래좌상은 복장발원문에 의해 1612년 광해군 4에 수화승 현진(玄眞)이 학문, 명은, 의능, 태훈 등 4명의 조각 승과 함께 제작한 불상이라는 것을 알게 되었다. 복장발원문을 살펴보면 함양 상연대 목조관음보살좌상과 제작 시기와 날짜, 그리고 불상 제작에 관련된 승려들의 중요 소임 등 시주한 사람들을 제외한 대부분이 일치하고 있다. 이를 통해 볼 때 이 불상은 함양 상연대 목조관음보살좌상과 함께 조성되었을 것으로 추정된다. 또

한 상연대 보살상의 복장발원문에서 공덕주로 나오는 벽암각성 스님이 이 불상의 발원문에서는 복장시주자로 나타나서 이 불상의 제작에 벽암각성 스님이 깊은 관련을 맺고 있음을 확인할 수 있다. 현재 복장발원문은 불상에 다시 납입하였다.

월명암 목조아미타불좌상은 전체적으로 동시에 조성된 상연대 보살상보다 넓은 어깨와 당당한 신체 비례를 보인다. 아무래도 이러한 신체 표현은 조각 승들이 불상과 보살상이라는 차이를 감안하여 제작에 임했기 때문이라 생각된다.

불상의 머리는 나발의 머리카락에 육계는 구분하기 어렵고 고개를 앞으로 살짝 숙이고 있다. 머리 중앙에는 반달 모양의 중앙계주가 있고 정수리에는 둥근 정상계주가 표현되어 있다. 얼굴은 갸름한 타원형으로 이마는 넓은 편이며 반개한 두 눈은 좌우로 길게 뻗어 있다. 콧날은 오뚝하며 작은 입술에는 미소를 짓고 있어 인자한 인상이다.

어깨는 둥글고 넓으며 가슴은 밋밋하여 양감은 거의 없다. 수인은 오른손을 가슴에서 왼손은 오른발 위에 올려 각각 엄지와 중지를 맞댄 아미타불의 하품중생인을 취하고 있다. 앉은 자세는 결가부좌의 자세인데 오른발을 위에 올린 길상좌이다.

대의는 변형된 통견의 형식으로 오른쪽 어깨를 덮은 대의 자락 아래 편삼이 보이는데 가슴에서 수직으로 내려와 배 앞에서 원을 그리며 올라와서 대의 속으로 정리하였다. 가슴 아래에서 수평으로 표현된 군의 상단은 띠로 묶고 그 위를 꽃잎처럼 주름을 짓게 표현하지 않고 사선으로 접은 형태로 처리하였다. 양 다리를 덮은 군의 자락은 형식적인 4단의 주름이 길게 새겨졌는데 상연대 보살상의 옷주름과 유사한 형태이지만 더 단순화된 주름 표현이다.

 이 불상은 현재 전하고 있는 현진의 작품 중 가장 이른 시기에 제작된 것으로 얼굴의 형태는 같이 조성된 상연대 보살상보다는 2년 후에 제작된 천은사 관음, 대세지보살좌상에 더 가깝다. 이들 불보살상보다 시간이 지난 1626년에 조성된 부여 무량사 소조아미타여래좌상과 보은 법주사 소조삼신불좌상은 얼굴이 크고 신체가 우람하고 당당해지는 조각 기법의 변화가 나타난다.

 따라서 월명암 목조아미타여래좌상은 현진이 제작한 불상의 시기에 따른 양식 변화를 파악할 수 있는 중요한 자료이며 17세기 전반기의 불상 양식 편년의 기준이 되는 작품이라는 점에서 매우 귀중한 자료적 가치를 지닌 불상으로 평가되고 있다.

응석사 목조석가여래삼불좌상

경남 진주시 집현면 정평리 741
보물 제1687호
2010년 12월 21일 지정

응석사 대웅전에는 석가여래를 주불로 하여 그 좌우에 약사여래와 아미타여래로 구성된 삼세불상이 봉안되어 있다. 「복장조성기」에 따르면 응석사가 화재로 폐허가 된 후 경천, 극수, 일휘 등이 발원하여 법당, 승당, 요사 등을 짓고 숭정 14년, 즉 1643년(인조 21)에 삼존불을 모셨다고 한다. 불상 조성에는 청헌(淸憲)과 법현, 원택 등의 조각 승이 참여하였다.

삼세불상 중 본존불인 석가여래는 높이 144.5cm, 어깨 폭 73.2cm이며 왼손은 따로 조각하였다. 왼쪽의 아미타여래는 높이 130.7cm, 어깨 폭 60.3cm이며 양 손은 따로 조각하였다. 오른쪽의 약사여래는 높이 124.8cm, 어깨 폭 59.8cm이며 역시 양 손은 따로 조각하였다.

각각의 불상 모두 당당한 체구에 고개를 약간 숙여 아래를 굽어보는 듯한 자세를 취하고 있다. 그 가운데 석가여래는 두 불상보다 약간 크게 제작하여 주불로서의 역할을 부각시켜 보이도록 표현하였다.

세 불상 모두 신체 비례를 보면 머리가 몸에 비해 큰 편이다. 얼굴은 방형에, 머리는 육계와 거의 구별 없이 낮고 둥글게 하고, 머리 중간에는 중앙계주를, 정수리에는 정상계주를 표현하였다. 불상의 얼굴은 살짝 반으로 감은 두 눈에 오똑한 콧날, 끝이 살짝 올라간 입술 등이 조화를 이루어 근엄하면서

도 부드러운 인상을 풍긴다. 어깨는 둥글고 좁은 편이며, 상체에 비해 앉은 자세는 무릎이 높고 넓어 전체적으로 안정감 있게 보인다. 기본적으로 세 불상은 얼굴이나 신체 비례 등이 거의 같지만 존상에 따라 수인과 옷 주름에 세부적인 차이가 난다.

 석가여래는 왼손을 왼쪽 무릎 위에 손바닥을 위로 하여 올리고, 오른손을 무릎 아래로 내려뜨린 항마촉지인을 맺고 있으며, 옷차림은 오른쪽 어깨를 덮은 변형 우견편단에 드러낸 가슴 아래에 수평으로 표현한 군의 상단을 띠로 묶고 꽃잎처럼 주름을 짓게 표현하였다. 무릎을 덮은 군의는 두세 줄의 계단식 옷 주름으로 표현하였고 무릎 아래로 모아진 군의 자락은 양쪽으로 갈라지게 하여 몇 줄의 주름으로 마무리하였다.

 약사여래와 아미타여래는 한쪽 손을 가슴 부분까지 올리고 다른 손은 무릎위에 올려 엄지와 중지를 둥글게 맞대었으며, 손의 위치는 서로 반대이다. 옷차림은 변형 통견의 형식으로 표현하였는데 약사여래가 편삼의 옷 주름 처리에서 단순함을 보여준다. 또 두 불상 모두 가슴 아래에서 수평으로 표현한 군의 상단을 띠로 묶고 주름으로 새기지 않고 사선으로 접은 형식으로 표현하여 석가여래보다 단순하게 처리하였다.

이 삼존불은 2003년 응석사 대웅전 중수를 위하여 불상을 임시봉안 장소로 이운하는 과정에서 발견된 「복장조성기」에 의하여 제작연대와 조각 승이 밝혀지게 되었다. 불상 조성을 주도한 청헌은 17세기 전반에 활동한 화승으로, 1626년 충북 보은 법주사 소조비로자나삼불좌상 보물 제1360호, 1636년 전남 구례 화엄사 대웅전 삼신불좌상 보물 제1548호, 1639년 경남 하동 쌍계사 목조석가여래삼불좌상 보물 제1378호, 전남 고흥 능가사 대웅전 목조석가불좌상, 1641년 전북 완주 송광사 대웅전 소조석가여래삼불좌상 보물 제1274호 등 조선 후기의 중요 불상으로 손꼽히는 다수의 불상을 제작하였다.

1643년에 제작된 응석사 목조삼세불상은 육계와 나발, 얼굴 모습과 옷 주름, 그리고 엄지와 중지를 맞댄 하품중생의 수인에서 17세기 이후 불상의 특징을 잘 보여주고 있다. 또 이 시기에 조성된 삼존불은 그 예가 드물어 보존가치가 뛰어나며, 청헌의 말년에 조성된 상으로서 조형성이 우수할 뿐만 아니라 조선 후기 조각 승 청헌의 불상 양식의 흐름을 알 수 있어 학술적 가치가 높은 불상이다.

청곡사 목조석가여래삼존좌상

경남 진주시 금산면 갈전리 18
보물 제1688호
2010년 12월 21일 지정

이 삼존불은 청곡사 대웅전에 봉안되어 있는 불상이다. 본존불인 석가모니불좌상을 중심으로 왼쪽에 문수, 오른쪽에 보현보살좌상을 모셨다.

석가여래상은 신체의 비례가 원만하고 무릎이 넓어 안정감 있는 자세를 보여주고 있다. 머리는 나발의 형식으로 육계는 구별하기 어렵다. 머리 가운데에 중앙계주가 표현되어 있고 정수리에 원통모양의 정상계주가 표현되어 있다.

얼굴은 방형이며 턱도 납작한 편이다. 이마는 넓은 편이고 반개한 눈과 오똑한 코, 굳게 다문 입술을 표현하여 근엄하고 단정한 인상을 느끼게 한다. 각진 어깨는 넓으며 가슴은 평평하여 양감을 거의 느낄 수 없다. 수인은 오른손을 무릎을 감싸며 아래로 살짝 내리고, 왼손은 오른발 위에 올리고 손가락을 구부린 항마촉지인을 맺고 있다.

옷차림은 변형된 우견편단이며 군의 상단은 가슴께까지 올려 그 아래를 띠로 묶고 꽃잎 모양의 주름을 새겼다. 다리 위에 흘러내린 군의 자락은 양 다리를 감싸고 4단의 계단식 주름으로 표현하였다.

좌·우협시인 문수·보현보살좌상은 좌·우 수인의 위치와 좌·우 어깨를 덮는 변형 통견식의 옷차림만 다를 뿐 상호와 신체비례 등 전체적인 조형은 본존불과 동일하다. 각각의

두 보살좌상 상투는 높은 편이며 귀를 휘감은 보발은 귀 뒤쪽을 타고 내려와 어깨 위에서 조그만 원을 중심으로 두 개의 타원을 형성하고 세 가닥으로 나뉘어 흘러내렸다. 보관은 구름문양, 꽃문양, 불꽃문양 등으로 높고 섬세하게 표현되었지만 이와 반대로 보살좌상의 영락장식은 단순하게 작은 귀걸이와 팔찌만 표현하였다.

현재 이 삼존불은 제작 당시에 기록된 자료가 발견되지 않아 제작자 등의 불상에 대한 정확한 유래는 알 수 없다. 하지만 건륭 15년1750에 기록된 「불사동ㅇ결연작복록(佛事同ㅇ結

緣作福錄)」에서 '만력사십삼년을묘불상조성(萬曆四十三年乙卯佛像造成)…'이라는 제작연대가 적혀있어 만력 43년, 즉 1615년 광해군 7에 조성된 것으로 추정된다. 그런데 이 삼존불의 신체 비례, 옷차림 표현 등이 1629년 조각 승 현진이 조성한 관룡사 목조석가여래삼불과 유사하다는 점이 주목된다. 따라서 이 삼존불도 제작자를 확실히 알 수는 없지만 1612년 진주 월명암 목조아미타여래좌상을 제작했던 수화승 현진의 작품으로 추정하고 있다.

청곡사 목조지장보살삼존상 및 시왕상 일괄

경남 진주시 금산면 갈전리 18
보물 제1689호
2010년 12월 21일 지정

청곡사 목조지장보살삼존상 및 시왕상 일괄이란 청곡사 업경전에 모셔진 지장보살의 권속을 말한다. 즉 업경전에는 불단에 지장보살좌상을 중심으로 왼쪽에 도명존자, 오른쪽에 무독귀왕이 서 있고, 그 좌우로 시왕, 판관, 인왕 등이 배치되어 있다.

지장보살과 좌우에 협시하고 있는 도명존자, 무독귀왕을 일컬어 지장보살삼존상이라고 하는데 이 청곡사의 지장보살상은 일반적인 지장보살상에 비해서 크기가 작다. 사실 이 청곡사의 지장보살과 그 권속들은 모두 다 체구만 본다면 어린 아이의 신체비례를 갖추고 있다. 즉 모든 존상들이 신체에 비해 머리를 크게 만들어 3등신 내지 4등신 정도의 비례를 보여주고 있고, 모든 존상들의 상호는 둥근 얼굴에 두 눈은 눈 꼬리가 길며 코는 높고 콧등이 반듯하고 입술이 작아 아이의 얼굴처럼 보인다. 그래서 무독귀왕이나 시왕들은 수염을 달고 있지만 전혀 무섭지 않고 친근한 인상이다.

지장보살상은 민머리에 얼굴은 반개한 눈에 오뚝한 콧날, 입은 굳게 다물고 미소는 표현하지 않았다. 신체는 어깨가 둥글고 좁은데 하체는 무릎이 높고 폭이 넓어 자세는 안정감이 있다.

대의는 변형된 통견의 형식으로 오른쪽 어깨에 편삼을 걸

치고 그 위에 대의를 걸쳤다. 대의는 오른쪽 어깨에 걸쳐 흘러내리고, 편삼은 수직으로 내려와 배 앞에서 대의 속으로 집어넣었다. 가슴 앞에 수평으로 표현된 군의 상단은 띠로 묶고 그 위를 꽃잎 모양으로 주름을 잡지 않고 사선으로 한 단 접은 형태로 단순하게 표현하였다.

양 다리를 덮은 군의 자락을 보면 가운데 안쪽 한 주름을 가장 넓게 둥글게 펼쳐지도록 하였다. 상체의 대의 자락은 간략하게 직선으로 처리한 반면 하체의 옷 주름은 곡선을 살려 장식적이면서 볼륨 있게 표현한 점이 특징이다. 도명존자의 가사나 시왕의 무릎에 흘러내리는 옷 주름 등에도 장식적이고 곡선적인 모습을 찾을 수 있다. 모든 존상들이 어린아이와 같은 상호와 신체비례를 한 점과는 달리 두 손은 여성스럽게 가늘고 길게 조각하였다.

업경대 입구에 있는 2구의 금강역사상은 크기가 약간 다르다. 왼쪽은 총 높이 210㎝, 어깨너비 80㎝, 대좌 너비 92㎝이고, 오른쪽은 총 높이 220㎝, 어깨 너비 75㎝, 대좌 너비 85㎝이다. 이 존상들은 대형 통나무에 이음새 없이 조각하여 사실적인 조각수법이 뛰어나고 신체의 생동감이 느껴지는 조각품들이다. 조선시대 고종 때 만들어진 것으로 조선 후기의 불교조각사 연구에 중요한 자료일 뿐만 아니라, 드물게 나무로 만들었다는 점에서 더욱 귀중하다.

이 지장보살좌상에서 발견된 발원문에 의하면, 금강역사상을 제외한 나머지 존상들은 1657년에 조성되었다. 이 상을 조성한 조각승은 인영, 지변, 학염, 서명, 법율, 종탄, 선우 등으로 청곡사 업경전의 상들을 제외하고는 현재 이들이 조성한 다른 불상은 알려지지 않았다.

따라서 청곡사 업경전 존상들은 17세기에 활동한 여러 조각승의 불상과 계통이 연결되는 요소가 없는 독특한 조각 형식을 하고 있으며, 상의 전체적인 조형미가 뛰어나고 조각 수법 또한 우수하다.

한편 업경대에 함께 봉안되어 있던 권속인 범천상과 제석천상은 뛰어난 조각성과 조선시대 현존하는 유일한 범천·제석천상으로서의 가치를 인정받아 별도로 보물 제1232호로 지정되어 있다.

용암사지 석불

경남 진주시 이반성면 용암리 219
경상남도 유형문화재 제4호
1972년 2월 12일 지정

 이 불상은 용암사라고 전해지는 옛 절터에 남아있는 석조 불상이다. 용암사터는 현재 이 불상과 함께 승탑과 탑비, 석등 부재 등이 남아있다. 절터의 중심에 해주 정씨 재실이 세워져 있고 과거 절의 흔적은 확인할 수 없지만, 주변에는 기와와 도자기 조각이 흩어져 있어 사찰이 있었음을 짐작할 수 있다. 사찰의 창건이나 연혁에 대해서는 알려진 바가 없지만 『신증동국여지승람』의 기록에 '고려 승려 무외가 거처하던 곳'이라는 기록이 있어 적어도 고려시대에는 세워졌던 것으로 추정할 수 있다.

 이 불상은 해주 정씨 재실 뒤편의 경사면에 세워진 정면, 측면 각 1칸의 목조 건물에 안치되어 있다. 불상은 높이가 약 15cm 정도의 네모난 대좌 위에 결가부좌한 자세로 앉아있다. 광배는 없고 오른쪽 뺨과 양 무릎, 대좌 모서리 등에 일부 손상이 있지만 전반적인 보존 상태는 양호한 편이다.

 이 불상은 육계가 없고 머리에는 두건을 쓰고 있다. 머리에 두른 두건 끝부분은 소매 단처럼 띠를 선 새김 하였다. 귀를 덮고 내려오는 두건 끝자락은 왼쪽으로는 어깨를 덮으면서 뒤로 넘어간다. 그리고 오른쪽 자락은 대의의 목 섶과 연결되었다.

 얼굴은 타원형인데 살이 올라 있으며 오른쪽 뺨에서부터

턱 일부가 깨어져 시멘트로 보수하였다. 이목구비는 얕게 조각하였으나 코는 큰 편이며 입도 두툼하다. 입술의 두께만큼 인중을 깊이 판 점이 특이하다. 미간에 약간의 살 붙임을 하고 코 선으로 연결되는 눈자위 윤곽선 위에 매우 얕은 선 새김을 하여 눈썹 주위의 도드라진 살집 효과를 준다는가, 턱 밑에 짧은 오목새김을 한 줄 넣어 얼굴의 양감을 살리려 한 표현 등 세부 표현에 꽤 많은 신경을 썼다. 삼도가 표현되지 않은 목은 돋을새김을 하는 독특한 표현 방법을 보여준다.

옷차림은 통견의 형식인데, 두건에서와 같은 띠 모양이 대의 목 섶과 팔목 부분에도 있다. 가슴 부분에는 옷 주름을 생략하였으나 양쪽 팔에 흘러내리는 주름은 얕은 선 새김으로 처리하였다. 수인은 왼손으로 오른손을 감싼 채 가슴 앞에 모아 쥐고 있어 지권인과 유사하지만 감싸 쥔 왼손 위로 엄지손가락으로 짐작되는 굵은 오른 손가락이 솟아 있는 등 일반적으로 알려진 지권인이 아니므로 주목된다.

이 불상을 제작한 장인은 정면을 위주로 조각을 하고 뒷면은 전혀 표현하지 않았을 뿐 아니라 면도 다듬지 않아 석재 채취 시의 흔적이라 짐작되는 정 자국이 그대로 남아 있다.

두건을 쓴 모습이나 앉아 있는 자세, 수인의 표현, 둔중한 신체 조각의 양식 등에서 1022년에 제작된 제천 사자빈신사지(獅子頻迅寺址) 사사자석탑 보물 제94호 의 인물상과 비교할 만하다.

이 상은 현재 남아있는 작품이 거의 없는 독특한 형식으로 인해 아직까지 존명이 밝혀지지 않았다. 이 상은 불상이 아니므로 통일신라시대 제작된 경주 중생사 마애지장보살좌상처럼 두건을 쓴 지장보살상으로 추정해볼 수 있지만 단정하기는 어렵다. 따라서 이 불상은 희소성에서 문화재적 가치가 높으며 도상 규명에 대한 연구가 필요하다. 제작 시기는 얼굴이나 신체의 표현 등으로 보아 고려시대로 추정된다.

평거석조여래좌상

경남 진주시 평거동 391
경상남도 유형문화재 제67호
1972년 2월 12일 지정

평거석조여래좌상에 대한 기록이나 금석문 자료는 현재까지 발견되지 않는다. 그래서 이 불상의 제작 경위를 알 수 없지만 전해지기로는 평거동 동사무소 서북쪽 구릉에 있는 신안사(新安寺)의 옛 절터에 있었다고 한다. 현재는 평거동에 있는 용화사(龍華寺) 대웅전에 봉안되어 있다. 불상의 머리와 대좌는 새로 만들었다.

불상은 전반적으로 마멸이 심한 상태이며 목과 가슴을 부분적으로 보수하여 불상의 원형을 파악하기 어렵다. 어깨가 넓고 가슴은 볼륨이 있어 양감을 느낄 수 있지만 오른팔과 허리 사이에 공간 표현을 위해 뚫은 구멍은 세련되지 못하여 장인의 미숙한 솜씨를 엿볼 수 있다. 하체는 양 무릎이 넓어 안정감이 있지만 신체의 볼륨을 제대로 표현하지 못해 양감을 느낄 수 없다.

대의는 우견편단의 형식이며 옷 주름은 왼쪽 어깨와 팔에 집중적으로 표현되어 있다. 왼쪽 어깨에서 뒤로 넘어가던 대의 자락은 측면에서 더 이상 표현하지 않고 뒷면에는 옷 주름이 없어 정면을 위주로 제작했음을 알 수 있다. 양 다리의 주름은 오른쪽에서 왼쪽으로 흘러내리는 사선의 주름이 주를 이룬다.

오른손은 오른쪽 다리 위에 올리고 있어 손가락 전체가 결

실되어 있으나 촉지인을 취한 것으로 추정된다. 왼손은 배 중앙에 올려 엄지와 검지를 맞대고 있는데 양감이 제대로 드러나는 불상의 상체와는 달리 왼손은 얕게 돋을새김 하여 각 부분의 묘사가 섬세하지 못함을 알 수 있다.

광배는 둘레에 손상을 입었지만 배 모양의 거신광으로 추정된다. 거신광 안에는 얕은 돋을새김으로 두 줄의 띠를 둥글게 돌려 머리 광배와 몸 광배를 각각 표현하였다. 머리 광배는 안에 다시 두 줄의 돋을새김 띠를 새겨 외광과 내광으로 분리하였는데 내광은 무늬가 없고 외광은 당초무늬를 새겼다. 몸 광배도 무늬가 없으며 광배의 바깥쪽에는 불꽃무늬를 새겼다.

이 불상은 머리와 대좌 전체를 잃어버려 전반적인 모습을 알 수 없지만 넓은 어깨와 양감이 풍부한 당당한 가슴, 안정된 결가부좌의 자세 등으로 미루어 통일신라시대의 양식을 계승하였다. 그러나 틀에 박힌 대의의 주름, 결가부좌한 다리의 미흡한 표현, 항마촉지인을 변형한 듯한 수인 등을 보아 고려시대에 제작된 불상으로 추정된다.

고산암 석조비로자나불좌상

경남 진주시 수곡면 원내리 68 한산사
경상남도 유형문화재 제236호
1983년 8월 12일 지정

이 불상은 원래 고산암에 모셔져 있던 비로자나불상이었는데 지금은 한산사 보운전(寶雲殿)에 봉안되어 있다. 원래 화강암으로 제작된 불상이지만 지금은 대좌를 제외한 불상 전체에 회를 칠하여 원래의 모습을 확인하기는 어렵다.

머리카락은 나발의 형식이며 육계는 머리와 구별하기 어렵다. 머리 중앙에 중앙계주를, 정수리에는 정상계주를 표현하였는데 전체적으로 회칠을 한 뒤 머리 부분은 검은색으로 칠했기 때문에 원래 이 불상에서 중앙계주와 정상계주가 표현되었는지는 알 수 없다.

불상의 얼굴은 살이 올라 풍만하며 이마는 좁은데 양 눈썹 사이에 백호가 표현되어 있다. 눈, 코, 입은 회칠 바탕 위에 채색하여 그렸다. 눈썹은 활 모양으로 휘어져 있으며 입은 작게 그렸다. 코는 오뚝한 편이다. 눈썹과 콧수염, 턱수염은 녹색 안료를 이용하여 그렸다.

짧은 목에 삼도를 새겼으며 어깨는 넓고 둥근데 우견편단 형식의 대의를 걸치고 있다. 왼쪽 어깨에 걸쳐진 대의 자락에 옷 주름이 비교적 사실적으로 새겨져 있다. 양 무릎에서 내려온 군의자락은 무릎 사이에서 감싸져 통일신라시대의 일반적인 형식인 부채꼴 모양으로 정리하였다. 수인은 가슴 부근까지 들어 올려 세운 오른손 검지를 왼손이 감싸 쥐고 있는 지

권인의 모습으로 이 불상이 비로자나불상인 것을 보여순다.

대좌는 상·중·하대를 갖추고 있는데, 네모 난 하대석에는 아래로 깔린 연꽃무늬가 조각되어 있고, 그 위에 얕은 2단의 받침을 둥글게 깎았으며 각 면에 4구의 안상이 새겨진 굄을 놓아 중대를 받쳤다. 중대석 4면에는 모서리마다 기둥이 있고 면마다 사천왕상을 돋을새김 하였다.

　불상의 전반적인 얼굴형이나 지금은 감춰진 육계의 모습, 그리고 볼륨 있는 신체의 표현 기법을 보면 양산 용화사 석조여래좌상이나 합천 청량사 석조여래좌상처럼 경남지역에서 9세기에 제작된 불상과 매우 유사하다. 또 대좌의 형식도 청량사 석조여래좌상의 방형대좌와 비슷할 뿐만 아니라 대좌 중대석에 조각된 신중의 조각수법도 닮았다. 따라서 이 불상은 경남지역에서 제작된 9세기 무렵의 흔치않은 석조비로자나불상으로서 자료적 가치가 크고 앞으로 불상에 덧씌워진 회칠을 벗길 기회가 오면 불상의 원형을 제대로 알 수 있게 될 것이므로 더욱 주목해 볼 만하다.

성전암 목조여래좌상

경남 진주시 이반성면 장안리 산 31
경상남도 유형문화재 제350호
2000년 1월 31일 지정

성전암은 879년 현강왕 5에 도선 국사가 창건하였다고 전한다. 이후 절의 내력은 잘 알려져 있지 않으나, 인조 재위 1623~1649가 능양군으로 있을 때 이곳으로 피신하여 국난 타개를 위해 백일기도를 올린 뒤 왕위에 올랐다는 전설이 있다. 이를 기리기 위해 인조각(仁祖閣)을 세우고 오늘날까지도 제향을 올리고 있다고 하는데, 조선 역대 가장 무능한 군주 가운데 한 사람인 인조를 지금도 배향한다는 사실이 놀랍다.

이 불상은 나무로 제작된 높이 60㎝, 폭 43㎝ 정도의 작은 여래좌상이다. 신체에 비해 상당히 큰 머리는 육계와 구별 없이 나발로 표현되어 있는데 중앙계주와 정상계주가 표현되어 있다. 작은 입을 굳게 다문 모습으로 고개를 앞으로 약간 숙여 굽어보는 모습이다. 어깨는 좁고 둥근데 옷차림은 변형된 우견편단의 형식이다. 가슴 앞에 수평으로 표현된 군의 상단은 띠로 묶고 그 위를 꽃잎 모양으로 주름을 지은 모습으로 표현하였다.

수인은 오른손 바닥을 아래로 하여 오른쪽 무릎을 감싸고 있으며 왼손은 왼쪽 무릎 위에서 손바닥을 위로 하여 엄지와 중지를 맞대고 있어 변형된 항마촉지인을 표현하고 있는 것 같다.

불상의 복장에서 불상을 제작할 당시의 기록과 경전 등이 발견되었는데, 기록에 따르면 불상은 1644년(인조 22)에 조성되었다고 한다. 따라서 이 불상은 제작 연대를 확실히 알 수 있다는 점에서 조선 후기 불상 양식을 연구하는 데 중요한 자료로서의 가치가 있다.

연화사 목조아미타여래좌상

경남 진주시 옥봉동 449-1
경상남도 유형문화재 제462호
2008년 1월 10일 지정

진주 연화사 대웅전에는 본존불과 좌우 협시보살상이 봉안되어 있다. 그 가운데 중앙의 본존불은 조선시대에 조성된 불상이고 좌우의 협시보살상은 근래에 조성된 것이다. 사찰에서 전해지는 이야기로는 이 본존불은 고성의 운흥사에 있던 것을 이곳으로 옮겨온 것으로, 다른 복장물은 이미 없어졌고 10여 종의 다라니경만이 발견되었다고 한다.

1m가 넘는 이 불상은 신체에 비해 머리가 큰 전형적인 조선 후기 불상의 형태를 따르고 있으며 방형의 신체에 허리는 반듯하게 펴고 고개는 앞쪽으로 약간 숙인 결가부좌의 좌상이다. 어깨가 약간 높직하며 상반신에 비해 무릎 폭은 적당히 넓어 안정감이 있다. 머리카락은 나발의 형식인데 육계와의 구분이 없이 둥글며 머리 중앙에는 반원형의 중앙계주와 정수리에는 원통 모양의 계주를 각각 두어 조선 후기 불상의 머리 모양을 제대로 표현하고 있다.

아래쪽으로 내려가면서 약간 갸름해진 모난 얼굴에는 반개한 눈이 수평적으로 조각되어 있고, 코는 얼굴에 비해 크고 긴 편이다. 입은 양 꼬리 쪽으로 서서히 반전되면서 원만한 미소를 나타내었다. 귀는 어깨 정도까지 길어졌는데 간략하게 위쪽 윤곽민 드러낸 채 두텁게 표현되어 있다.

수인은 오른손을 무릎 위에서 살짝 들어 올려 손등을 위로

한 채 엄지와 중지를 맞대고 있고, 왼손은 손바닥을 위로 한 채 엄지와 중지를 맞대고 있는 아미타구품인 가운데 하품중생인을 표현하였다.

　대의는 변형된 통견의 형식으로 오른쪽 어깨에 편삼을 걸친 후 그 위에 대의를 반 단 살짝 덮고 내려오는데, 가장 안쪽의 옷 주름은 크게 접어 물방울 모양으로 주름을 강조하고 있다. 배 앞에서 대의 밖으로 흘러 내려 있는 편삼은 서로 대칭되게 반원형을 이루고 있어 틀에 박힌 느낌이 강하다.

　가슴 아래 입은 군의 상단은 띠로 묶은 뒤 위쪽을 대각선으로 접었으며, 무릎에서 발목으로 올라가는 군의는 가장 안쪽 자락을 넓게 펼쳐 두고 양측으로 2~3개의 주름으로 정리하면서 물결 모양을 이루고 있다.

　이 불상은 10여 종의 다라니 복장물만 남아 있을 뿐 불상의 조성연대나 조각 승에 관한 조성기나 후령통과 같은 복장 유물이 남아 있지 않다. 그러나 이 불상은 신체의 비례가 상당히 사실적일 뿐만 아니라 온화하고 부드러운 인상의 얼굴을 잘 표현하고 있다. 또한 오른쪽 어깨에 대의 주름을 강조한 표현이라든지, 발목에서 내려오는 군의의 안쪽 끝자락을 넓게 펼친 형식은 진열(進悅)과 같은 18세기 초를 전후로 활동한 전라도 지역 조각 승의 조각 수법과도 닮은 점이 있어 수목되고 있다.

상평동 석조여래입상

경남 진주시 상평동 217-1 삼현여자고등학교
경상남도 문화재자료 제271호
1998년 11월 13일 지정

현재 상평동의 삼현여자고등학교 정문에서 교정으로 향하는 길의 우측 화단에 안내판과 함께 세워져 있는 불상으로 높이는 1.65m이며 대좌까지의 높이는 2.7m이다.

머리 부분은 몸에서 떨어져 있던 것을 시멘트로 붙여 놓았다. 머리의 길이만 58㎝ 정도이므로 불상의 키에 비해 머리가 터무니없이 커서 신체의 비례가 균형을 잃었다. 머리의 왼쪽 부분이 손상을 입었다. 육계는 낮고 작으며 머리카락과 얼굴은 분명하게 구분되지 않는다. 얼굴은 매우 긴 타원형인데 이마가 좁고 코는 길고 가늘다. 그 외의 부분은 마멸이 심해 형태를 확인할 수 없다. 목에는 가늘게 삼도가 표현되어 있다.

불상의 몸은 오른쪽 어깨와 양 손이 떨어져 나갔다. 양 손목에는 손을 따로 만들어 끼울 수 있도록 둥근 홈이 마련되어 있다. 홈의 위치로 보아서는 시무외인, 여원인을 표현한 듯하다.

대의는 통견의 형식인데 U자 형태의 평행한 옷 주름과 팔에서 흘러내린 대의 자락이 평면적이고 투박해 보인다. 뒷면은 아무런 표현이 없어 원래는 광배가 세워져 있었던 것으로 보인다.

이 불상의 조각 수법을 보면 고려시대 충청도지역에서 유행하던 돌덩어리에 간단하게 얕은 돋을새김이나 선 새김으로 신체 표현을 하여 평면적이고 단순하게 제작된 불상의 모습

과 유사한 측면이 있다. 현재까지 경남지역에서는 마애불상을 제외하고는 이 불상 외에 이러한 사례를 찾기 어렵다. 그래서 충청도지역에서 옮겨온 것으로 추정하기도 하지만 현재로는 이 불상의 유래를 파악하지 못하고 있으므로 추정에 불과하다. 오히려 충청도지역의 고려시대 불상양식과 이 불상의 제작 기법의 유사성이나 만약 전파되었다면 전파 경로에 대한 파악, 또는 기존 경남지역 불상과의 계승성 등을 추적해 보는 것이 더 의미 있는 일이라 생각된다.

불상이 서 있는 팔각대좌는 아래로 깔린 연꽃대좌로 높이 15cm, 폭 76cm 정도인데 석재의 재질과 형태가 불상과 달라서 원래의 짝이 아닌 것 같다.

이 불상은 전체적인 조형 수법으로 보아 통일신라시대 양식을 계승하였지만 신체의 비례나 세부 표현 등에서 미숙한 표현을 보여주고 있어 고려시대에 제작된 불상으로 추정된다.

11
창녕의 불상

송현동 마애여래좌상
관룡사 용선대 석조여래좌상
관룡사 석조여래좌상
통도사 창녕 포교당 목조석가여래좌상
삼성암 목조관음보살좌상
도성암 석조아미타여래좌상
청련사 목조아미타삼존여래좌상

송현동 마애여래좌상

경상남도 창녕군 창녕읍 송현리 105-4
보물 제75호
1963년 1월 21일 지정

    높이 1.37m의 이 불상은 바위 면을 돋을새김으로 조각하여 만든 마애불상이다. 불상을 조각한 바위 자체가 광배의 역할을 하고 있다. 불상은 민머리에 큼직한 육계를 올렸다. 양 미간에는 백호공이 새겨져 있고 얼굴은 비만하게 느껴질 만큼 살이 올라 있다. 눈매는 명확하지 않고 코는 콧등이 깨어진 상

태이며 입은 굳게 다문 모습으로 근엄한 인상을 준다. 귀는 어깨까지 내려올 정도로 길다. 목은 굵은 편인데 삼도는 새기지 않았다. 둥근 어깨는 넓게 벌어져 있지만 약간 움츠린 듯한 느낌을 주며 상체는 신체의 굴곡을 제대로 새기지 못해 평판에 가까운 모습으로 양감이 약한 편이다.

옷은 얇게 표현하였는데 옷차림은 오른쪽 어깨를 드러낸 우견편단의 형식이다. 손 모양은 오른손을 무릎 위에 올리고 왼손은 손바닥을 위로 하여 배에 대고 있는 항마촉지인을 취하고 있다. 양 무릎은 매우 넓어 안정감을 주며 대좌는 바위 면을 그대로 이용하여 새겼는데 현재는 바닥 면에 가려져서 전체 모습을 알 수 없다.

이 불상은 어깨가 넓고 가슴을 편 자세와 얇게 새긴 옷 주름의 표현 등에서 통일신라시대 불상 양식을 잘 보여주고 있으며 양감의 표현이 둔화되는 9세기 경의 작품으로 추정된다.

관룡사 용선대 석조여래좌상

경상남도 창녕군 창녕읍 옥천리 산 328
보물 제295호
1963년 1월 21일 지정

관룡사 근처의 용선대에 있는 석불좌상으로 산꼭대기 높은 바위 위에 모셔졌으며 광배는 없어진 상태이다. 불상의 높이는 189cm로 머리는 나발의 형식이며 큼직한 육계가 솟아있다. 얼굴은 살이 오른 모습으로 입가에는 미소를 띠고 있다. 옷은 양 어깨를 감싸고 있는 통견의 형식이며 옷 주름은 돋을새김의 기법으로 일정한 간격으로 새겼다.

불상의 수인은 항마촉지인을 취하고 있는데, 오른손이 바닥까지 내려오지 않고 무릎 위에서 그친 점이나 왼손이 몸통에 붙지 않고 왼팔을 벌려 왼쪽 무릎 위에 올려진 것은 7세기 후반 작품으로 생각되는 팔공산 군위석굴 삼존불상의 본존상과 동일하다. 또 불상의 부은 듯한 눈두덩의 표현은 경주 감산사 석조미륵보살입상과도 유사하다. 특히 대좌 상대석의 연꽃문양은 두꺼운 세 겹의 꽃잎이며 팔각 중대석 각 면에 위 아래로 긴 안상 장식을 표현한 점은 9세기 무렵 제작된 석불좌상과는 차이점을 보이고 있다. 불상이 앉아 있는 대좌는 상·중·하대로 구성되어 있다. 상대석은 위로 향한 연꽃을 새겼고, 8각 중대석은 각 모서리에 기둥 모양을 두었으며, 하대석은 4각의 받침 위에 겹으로 아래로 깔린 연꽃무늬를 새겨 넣었다.

이 대좌 한쪽 측면에서 불상 제작 연대를 알려주는 명문이 확인되었다. 정밀 판독을 한 결과 '開元十…/月卄五…/成明…'으로 확인되었다. 개원(開元)은 당나라 현종 때의 연호로 개원 10년은 722년성덕왕 21이다. '開元十' 아래에는 글자가 깨어져 버렸으니 '開元十'부터 '開元十九'까지의 경우의 수가 있을 수 있다. 그렇다면 이 불상은 빠르면 722년에서 늦어도 731년 사이에 제작되었다는 사실을 알 수 있다.

그 동안 이 불상은 양식적인 특성을 들어 막연히 9세기 경 불상으로만 단정 짓고 있었는데 명문이 발견됨으로써 8세기 전반 통일신라시대 불상 중 연대를 알 수 있는 불상을 확보하게 된 것이다. 특히 8세기 전반 석불 중 좌상으로는 제작연대를 확실히 알 수 있는 유일한 작품이라는 점에 그 의미가 크다. 8세기 전반 통일신라시대 석불로 명문을 통해 조성 연대가 알려진 사례는 입상인 경주 감산사 석조미륵보살입상719년과 같은 감산사 석조아미타불입상720년 정도에 불과하다. 8세기 중·후반 작품으로 연대를 추정할 수 있는 석불은 석굴암 본존불 좌상과 석남암사 석조비로자나불좌상766년, 김천 갈항사지 석불좌상758년 무렵 정도를 꼽을 수 있다.

용선대 석조여래좌상은 722년~731년 사이에 제작된 불상이라는 것을 확인함으로써 군위삼존석불을 거쳐 7세기 말에서 8세기 초에 제작된 것으로 추정되는 경주남산 칠불암 마애삼존불과 석굴암 본존불로 이어지는 중간과정의 불상으로 불교조각의 흐름을 이해할 수 있는 중요한 불상으로 평가된다. 또 현재까지 확인된 불상 대좌 가운데 삼단대좌양식은 이 용선대 석조여래좌상의 것이 가장 시기가 빠르므로 선진적인

양식이 반드시 수도에서 먼저 나타난다는 일반론도 제고해야 할 여지를 제시해 준 귀중한 사례로 주목된다.

관룡사 석조여래좌상

경상남도 창녕군 창녕읍 옥천리 292
보물 제519호
1970년 6월 24일 지정

　이 불상은 관룡사 약사전에 봉안되어 있는 석조여래좌상이다. 높이 1.1m로 높은 3단의 팔각대좌에 결가부좌의 자세로 앉아있다. 광배는 남아있지 않다.
　머리는 나발의 형식이며 큼직한 육계에 반달모양의 계주가 표현되어 있다. 얼굴은 둥글고 살이 올라 있는데 코는 짧고 입은 작은 편이며 인중이 짧고 턱이 길어 고려시대 불상의 특징이 잘 드러나고 있다. 귀는 매우 길어 어깨에 닿았으며, 어깨가 올라붙어 목이 짧아 보인다. 삼도는 목 아래 쇄골 선까지 내려서 표현하였다.
　양 무릎은 높지만 상체에 비해 너비가 좁아져서 안정감이 부족하다. 손 모양은 항마촉지인을 짓고 있는데 오른손이 몸 쪽으로 모아져서 어색한 모습을 하고 있다.
　옷차림은 통견의 형식인데 옷 주름이 얕게 선 새김 되어 있으며 법의 안에는 두 가닥의 접힌 옷자락이 도식적으로 나타난다. 이러한 옷차림은 13, 14세기 고려시대 불상들에서 표현되는 형식이다.
　대좌의 상대는 위로 향한 연꽃문양이 새겨져 있으며 중대에는 각 면마다 안상이 표현되었다. 하대는 방형의 대석 위에 겹잎 연꽃문양이 아래로 향하여 조각되어 있다.
　이 불상은 상체에 비해 하체가 좁아서 신체에 균형이 맞지

않으며 어깨가 움츠린 듯한 모습에 가슴은 양감이 부족하다. 얼굴이나 옷 주름의 표현에서 고려시대 불상의 특징을 엿볼 수 있어 용선대의 통일신라시대 석조여래좌상을 모방하여 지방장인에 의해 제작된 고려시대 후기의 불상으로 추정된다.

통도사 창녕 포교당 목조석가여래좌상

경상남도 창녕군 창녕읍 말흘리 123-2
경상남도 유형문화재 제374호
2002년 8월 14일 지정

통도사 창녕 포교당 법당에 모셔져 있는 나무로 만든 석가여래좌상이다. 창녕 관룡사에서 삼존상으로 조성 봉안했던 것인데, 6·25전쟁 때 화재로 법당이 무너지면서 인근에 위치한 지금의 창녕 포교당으로 이 주존불 1구만을 옮겨왔다고 한다. 지금은 이 불상보다 후대에 조성된 관음과 대세지보살을 협시로 하여 불단 위에 모셔져 있다. 대좌는 없고 보존상태는 매우 양호하다.

불상은 등을 세우고 머리는 약간 숙여 아래를 내려다보는 자세를 취하며 결가부좌한 좌상이다. 무릎 폭이 적당하여 불상의 신체는 안정감이 있다. 머리는 나발의 형식인데 육계와의 구분이 명확하지 않으며 정상계주와 중간계주를 표현하였다. 얼굴은 방형이며 턱을 둥글게 처리하여 부드러운 느낌을 준다. 양미간에 돋을새김으로 표현한 백호가 있고 눈은 가늘고 길며 코와 입은 적절한 크기로 새겨져 균형을 이룬다. 입가에는 미소를 표현하여 온화한 인상을 느끼게 한다.

목은 짧아서 삼도가 목 아래 부분까지 내려가 얕게 표현되어 있다. 옷은 두꺼워 보이는데 변형된 우견편단의 형식으로 오른쪽 어깨에 넓게 대의자락을 덮었다. 가슴은 밋밋하게 표현되어 양감을 느낄 수 없으며 가슴 아래에 군의 상단을 띠로 묶고 그 위로 꽃잎처럼 펼쳐진 옷 주름을 표현하였다. 오른 발

목에서 모아진 군의자락은 양 무릎 사이로 계단식의 주름을 지으며 내려오며 대좌 위에서 물결무늬처럼 마감하였다. 등 쪽에는 목덜미를 접은 대의 깃 아래로 왼쪽 어깨에서 흘러내린 대의 자락이 표현되었으며, 오른쪽 겨드랑이 밑에는 복장공으로 추정되는 15.0×18.5㎝ 크기의 네모난 흔적이 있다.

손 모양은 오른손을 손바닥을 아래로 하여 무릎 위에 놓고 왼손은 손바닥을 위로 하여 엄지와 중지를 맞대고 오른발 위에 얹은 항마촉지인을 맺고 있다.

이 불상은 1984년 개금불사를 할 때 불상조성기와 다라니경, 금동사리함 등 복장물이 발견되었다. 복장에서 발견된 불상조성기에 의하면, 영산회상의 석가여래와 왼쪽에 미륵보살, 오른쪽에 제화갈라보살을 옹정 8년, 즉 1730년 영조 6에 수화사(首畵士) 하천(夏天)과 부화사(副畵士) 득찰(得察), 성찬(成粲), 종혜(宗慧) 등이 참여하여 만들었으며 창녕 관룡사에 봉안했던 것임을 알 수 있다.

조선 후기 18세기 불상 가운데 돋보이는 조각수법과 안정된 자세를 보여주는 작품으로서 조선시대 불교조각사 연구에 필요한 학술자료로 평가된다.

삼성암 목조관음보살좌상

경상남도 창녕군 계성면 산 60-1
경상남도 유형문화재 제414호
2004년 10월 21일 지정

    화왕산 중턱에 있는 삼성암 보광전에 주존으로 모셔져 있는 관음보살상이다. 어깨와 무릎의 폭이 적절하여 신체는 안정감을 느끼게 한다. 중앙에 아미타여래의 화불을 배치하고 꽃과 구름 문양으로 화려하게 장식한 보관을 쓰고 있으며, 등을 세우고 고개를 약간 숙인 자세를 취하면서 결가부좌하여 목조대좌 위에 앉아있다.

    얼굴은 방형이며 이마가 넓고 이목구비는 크기가 알맞아서 균형미가 있다. 어깨는 둥글고 목은 짧은데 삼도는 목 아래에 얕게 표현되어 있다.

    옷차림은 변형된 통견의 형식이며 대의 아래 입은 편삼은 수직으로 흘러내리다가 배 아래에서 반전하여 대의자락으로 집어넣었다. 군의 상단은 가슴 아래에서 수평으로 표현하였는데 아랫부분을 따로 묶고 위의 옷 주름은 꽃잎처럼 펼쳐지도록 처리하였다.

    수인은 오른손은 손목을 들어서 엄지와 중지를 맞대고 오른쪽 무릎 위에 세웠으며 왼손은 손바닥을 위로 향하게 하여 엄지와 중지를 맞댄 아미타불의 하품중생인을 표현하였다.

    이 보살상은 1866년에 기록된 삼성암 법당 중건 상량문, 법당 창건주 우홍(宇洪)의 법손이 후일 그 사실을 기리기 위해 1881년 세운 창건 석각(石刻), 1966년의 관음보살 개금불사 회

사문 등 관련자료 등으로 미루어 보면 1838년헌종 4에 조성되었다는 것을 알 수 있다.

 방형의 얼굴과 양감이 없이 평평한 가슴 처리, 수평으로 표현한 군의 상단의 표현 등을 보면 조선 후기 불보살상의 특징을 잘 나타내고 있다.

도성암 석조아미타여래좌상

경상남도 창녕군 창녕읍 송현리 8번지
경상남도 유형문화재 제437호
2005년 10월 13일 지정

 이 불상은 현재 창녕 도성암 대웅전의 본존불로 봉안되어 있으며 좌우의 협시보살상은 1991년 지금의 대웅전을 새로 지으면서 조성한 것이다. 불상의 상태는 부분적으로 도금과 나발의 채색이 조금씩 벗겨졌을 뿐 전체적으로 매우 양호하다.

 몸에 비해서 머리가 큰데 머리카락은 나발의 형식이며 육계는 머리와 구별하기 어렵다. 머리 중앙에는 중앙계주가 있고 정수리에는 원통 모양의 정상계주가 표현되어 있다. 눈, 코, 입은 얼굴에 비해 적절하여 균형을 갖추고 있으며 귀는 상당히 큰 편이다. 입가에 미소가 없어 근엄하고 단정한 인상을 느끼게 한다. 목은 짧은 편이며 삼도가 새겨지지 않았다. 어깨는 폭이 매우 좁고 둥근 형태이며 가슴은 평판처럼 표현하여 양감을 느낄 수 없다.

 옷차림은 오른쪽 어깨에 편삼을 입고 그 위에 대의를 걸친 변형된 통견 형식으로 두텁게 표현하였다. 편삼은 수직으로 흘러내려서 배 아래에서 위로 올려 대의자락 속으로 집어넣었다. 가슴 아래에서 수평으로 표현한 군의 상단은 돋을새김으로 두 줄로 표현한 띠로 묶고 그 위의 옷자락은 사선으로 접었다. 양 무릎 폭은 신체와 적절한 균형을 이루고 있으며 무릎의 군의 자락은 2줄의 계단식으로 표현하였다. 오른쪽 발목에서 흘러내린 군의 자락은 부채꼴처럼 흘러내려 대좌 위에서

물결무늬를 이루고 있다.

  손 모양은 오른손은 손바닥을 아래로 하여 무릎 위에 올렸으며 왼손은 손바닥을 위로 하여 오른발바닥 위에 올려 항마촉지인을 맺고 있다.

  따로 제작된 대좌는 뒤에 만든 것으로 가운데가 뚫려 비워져 있으며, 그 구멍 아래에는 현대에 제작된 축원문을 적어 놓은 많은 다라니가 들어있다.

  이 불상은 돌로 만든 불상이지만 섬세하고 세밀한 조각기법을 보여주고 있어 뛰어난 장인의 솜씨를 느낄 수 있다. 정확한 제작 시기를 알 수는 없지만 조선 후기의 양식적 특징을 잘 보여주고 있으므로 조선시대 불상 연구에 중요한 자료로 평가받고 있다.

청련사 목조아미타삼존여래좌상

경상남도 창녕군 계성면 사리 852
경상남도 유형문화재 제463호
2008년 1월 10일 지정

이 삼존불상은 현재 청련사 대웅전에 봉안되어 있는 불상이다. 본존불상은 등을 펴고 고개를 약간 앞으로 숙여 아래를 굽어보고 있는 자세이다. 신체에 비해서는 머리가 큰 조선 후기에 조성된 불상의 형식을 따르고 있으며 양 무릎의 폭이 넓어 안정된 자세를 보여준다. 불상의 어깨는 신체에 비해 좁고 둥글게 처리하여 부드러운 느낌을 준다.

머리는 나발의 형식으로 육계와는 구별하기 어렵고 중앙계주와 정상계주를 표현하였다. 얼굴은 방형에 가깝지만 턱은 둥글게 깎았다. 양미간에는 백호가 돋을새김으로 표현되었고 두 눈은 매우 가늘게 새겼으며 인중은 다소 짧으며 입은 살짝 미소를 띠고 있다. 목은 짧아서 삼도는 목 아랫부분까지 표현하였다.

법의는 변형된 통견의 형식으로, 오른쪽 어깨에 편삼을 걸치고 그 위에 대의를 살짝 덮었고, 팔꿈치로 빼낸 대의는 복부를 지나 왼쪽 어깨로 넘겼는데, 특히 팔꿈치로 빼낸 대의는 여러 겹의 옷 주름을 이루면서 배 앞으로 흘러 내려 있으며, 일반적으로 대의 밖으로 반원형을 이루면서 처리되는 편삼 자락과는 차이가 있어 주목된다.

가슴 아래에서 수평으로 표현한 군의 상단은 띠로 묶은 후 묶음 위의 옷 주름을 꽃잎처럼 처리하였다. 결가부좌한 다리

는 오른발만 드러나 있고 양 무릎에는 두세 줄의 계단식 옷 주름을 새기고 오른쪽 발목에서 흘러내린 군의 자락은 넓게 주름진 모습으로 처리하였다.

수인은 아미타여래의 하품중생인으로 오른손은 무릎 위에서 살짝 들어서 엄지와 중지를 맞대고 있으며 왼손은 손바닥을 위로 하여 엄지와 중지를 맞대고 무릎 위에 놓았다.

좌우의 협시보살상은 본존불상에 비해 크기가 작지만 조각기법은 비슷하다. 불상과는 달리 화려한 보관을 쓰고 가슴 앞에는 치레걸이를 표현하였다. 불상과 같은 법의를 입고 있으나 본존불상과는 달리 배 앞에서 편삼자락을 반원형으로 대의자락 속에 집어넣는 방식으로 처리하였다.

이 삼존불이 언제 조성되었는지에 대해서는 정확한 기록이 없어 확인하기 어렵지만 청련사가 1628년에 창건되었다는 기록과 도광 22년, 즉 1842년에 대흥사에서 옮겨왔다는 기록이 있으며 불상의 자세나 옷 주름 표현기법 등의 양식적 특징으로 미루어보면 17세기 말 경에 조성되었을 것으로 추정된다.

12
창원의 불상

불곡사 석조비로자나불좌상
용화전 석조여래좌상
삼정자동 마애불
성주사 관음보살입상
마산 광산사 목조보살좌상
마산 법성사 목조보살좌상

불곡사 석조비로자나불좌상

경상남도 창원시 성산구 대방동 1036-2
보물 제436호
1966년 2월 28일 지정

  불곡사 석조비로자나불좌상은 1929년 옛 절터에서 발견되어 우담 스님이 비로전을 지어 모시게 되었다. 현재 불상과 대좌는 잘 남아있으나 광배는 일부분만 남아서 법당 안에 모셔져 있다. 불상의 높이는 103cm이며 대좌 높이는 64cm이다.
  머리카락은 나발의 형식이며 육계는 비교적 크게 나타내었으며 얼굴은 둥글고 살이 올라있다. 눈썹 사이에는 백호가 표현되어 있고 눈·코·입 등이 알맞은 크기와 모습으로 배치되었다. 귀는 짧고 목에는 삼도가 뚜렷하게 표현되어 있다.
  양 어깨는 좁은 편이고 약간 위축된 듯한 느낌을 주며 두 손은 가슴 앞에서 왼손 검지를 세우고 오른손으로 감싸 쥔 모습의 지권인을 짓고 있다. 법의는 양쪽 어깨를 덮은 통견의 형식이며 앞가슴에 군의의 띠 매듭이 새겨져 있다. 팔과 다리에 접혀진 옷 주름은 평행 계단식으로 얕게 새겼다. 앉은 자세는 왼쪽 다리 위에 오른쪽 다리를 올린 길상좌의 형식이다.
  불상이 앉아 있는 팔각대좌는 상대·중대·하대로 구성되어 있다. 상대는 장식이 있는 두 겹의 위로 향한 연꽃문양이 새겨져 있고, 중대석은 팔각인데 각 면마다 머리 광배가 표현되어 있는 보살상들이 돋을새김으로 새겨져 있다. 하대에는 아래로 드리운 연꽃 문양이 새겨져 있고 그 아래 지대석 각 면에는 안상 안에 사자 7마리와 연꽃잎을 조각하였다.

　이 비로자나불좌상은 밝은 표정의 둥근 얼굴, 평행 계단식 옷주름 선, 장엄 장식을 가미한 팔각대좌 등에서 비로사석조비로자나불좌상, 동화사비로암석조비로자나불좌상863년, 경북대학교 비로자나불상, 성혈사비로자나불상, 부석사비로자나불상, 청룡사석조비로자나불좌상과 유사한 계열에 속하는 9세기 후기에 조성된 통일신라 불상으로 추정된다.

용화전 석조여래좌상

경상남도 창원시 성산구 외동 853-7
경상남도 유형문화재 제43호
1972년 2월 12일 지정

이 불상은 원래 창원시 소답동 37번지 국도 옆 용화전 안에 있었으나 1984년 의창지구 토지구획정리사업으로 인해 성산패총 구역 내로 옮겨왔다. 불상이 있던 소답동 일대에는 석탑의 부재가 흩어져 있고 뒷산 골짜기를 절골이라고 부르는 점 등으로 보아 이 지역에 절이 있었을 것으로 추측된다.

이 불상은 몸체와 광배, 대좌를 모두 갖추고 있으나 머리 앞부분이 깨어져 시멘트로 보수하였다. 얼굴은 직사각형에 가깝고 눈, 코, 입 등이 적절하게 배치되어 단정한 인상을 주며 입가엔 엷은 미소를 짓고 있다. 목에는 삼도가 새겨져 있다. 신체는 당당하게 펴고 있는 어깨와 양감이 풍부한 볼륨 있는 가슴, 살이 올라있는 튼튼한 결가부좌 자세의 하체 등에서 팽팽한 긴장감과 힘이 느껴지는 사실적인 조각수법을 보이고 있다.

우견편단의 대의는 가슴 앞에서 ㄴ자에 가까운 평행 옷 주름과 양 다리에 표현된 의미 없는 복잡한 주름 등에서 도식적인 특징이 나타나고 있는데, 이와 유사한 옷 주름은 합천 청량사 석조여래좌상에서 찾을 수 있다. 두 손은 왼손은 배에 대고 손바닥을 위로 하고 오른손은 손바닥을 아래로 하여 무릎에 올려 항마촉지인을 짓고 있다. 양 무릎으로 흘러내린 옷자락은 무릎 사이로 부채꼴처럼 넓게 펼쳐졌는데 이러한 점은 8세

기 중반에 만들어진 석굴암 본존불의 다리 사이 옷자락 처리와 흡사하다.

광배는 배 모양 광배로 꽃문양이 중앙에 5개 표현되어 있는 2줄의 돋을새김 띠를 이용해 머리 광배와 몸 광배를 표현하였다. 광배의 테두리 부분에는 불꽃이 타오르는 모양을 새기고, 윗부분에는 합장한 화불을 조각하고 그 아래 양쪽에도 화불 1구씩을 배치하였다. 화불 아래쪽에는 각각 1구씩 비천상이 새겨져 있다. 불상의 대좌는 석탑 기단부를 활용하였는데 각 면에 각각 2개씩의 안상이 조각되어 있다.

이 불상은 양감이 풍부하고 사실주의적인 신체를 표현하고 있으며 우견편단의 옷차림에 항마촉지인을 취한 통일신라시대 불상의 특징을 잘 보여주고 있으나 옷 주름의 도식적인 표현을 볼 때 9세기 후반에 조성된 불상으로 추정된다.

그런데 이 불상에서 가장 특징적인 것은 머리에 띠를 두른 보관을 쓰고 있다는 점이다. 머리 앞부분이 깨어져서 정확한 형태를 파악하기 어렵지만 보관의 형태라는 것은 확실하며 이것은 이 상의 존명을 알 수 있는 실마리를 제공해줄 것이다. 일반적인 불상처럼 소발의 머리가 아니라는 점에서 이 상은 보살상으로 볼 수 있겠지만 9세기 무렵 보살상의 옷차림이 대의가 아니라 천의라는 점에서 존명 파악에 어려움이 있다.

삼정자동 마애불

경상남도 창원시 성산구 삼정자동 48-2
경상남도 유형문화재 제98호
1979년 5월 2일 지정

    삼정자동 내리마을 계곡 중턱의 높이 4m의 장군바위라 불리는 화강암 바위에 남쪽 방향으로 돋을새김 한 마애여래좌상이다.

    얼굴은 전반적으로 마멸이 심하여 표정을 알아보기 힘들지만 특히 오른쪽 얼굴은 인위적으로 훼손되어 깨어진 상태이다. 머리도 대부분 손상을 입었으나 남은 부분에 나발의 흔적이 있고 육계는 높이 솟아있다. 이마에는 백호의 흔적이 남아있으며 목에는 삼도가 새겨져 있다.

    옷차림은 통견의 형식으로 가슴 부분에 마멸이 심하지만 오목새김 선으로 두 줄의 띠가 일정한 간격으로 표현되어 있는데, 대의의 옷 주름이 아니어서 이 부분에 대한 해석이 필요할 것으로 보인다. 양 어깨에 걸친 옷은 확실하지는 않지만 무릎을 덮고 대좌 아래로 흘러내리고 있는 것으로 보인다. 가슴 앞에서 대각선 방향으로 돋을새김의 띠를 새겨 내의인 승각기(僧脚崎)를 표현하였다.

    수인은 왼손을 무릎 위에 두고 오른손은 무릎 위에 올려 손끝으로 땅을 가리키는 항마촉지인을 짓고 있다. 대좌 위에는 세 겹의 흘러내린 주름을 표현한 U자 모양의 옷자락과 그 사이사이로 옷자락을 드러내었는데 마치 천개(天蓋)이 차일(遮日)과 같은 느낌을 주는 독특한 모습이다.

광배는 마멸이 심해 자세하지는 않지만 머리 광배와 몸 광배를 분리하여 둥글게 표현하였으며 광배 안에는 불꽃문양이 약하게 남아있는 듯하다.

대좌의 형태도 독특한데 팔각형으로 표현된 대좌는 상대와 중대를 조각하였지만 하대는 제대로 표현되지 않았다. 상대는 상현좌(裳懸座)의 형태로 조각하였으며 중대는 네 개의 기둥을 세워 세 면을 표현하여 팔각대좌라는 것을 나타내었다.

전체적으로 훼손이 심한 편이지만 신체의 조화와 균형이 뛰어나며, 옷 주름 표현에서 도식적인 면이 보이지만 섬세하고 유려한 기법이 돋보이는 통일신라시대에 제작된 불상으로 추정된다.

성주사 관음보살입상

경상남도 창원시 성산구 천선동 산 213-2
경상남도 유형문화재 제335호
1997년 12월 31일 지정

 원래 이 관음보살입상은 성주사 진입로 곁에 있던 용화전 내에 봉안되어 있었으나 지금은 새로 지은 관음전에 모시고 있다. 연화대좌 위에 서 있는 모습으로 배 모양으로 조각한 거신광을 하나의 돌에 함께 새긴 높은 돋을새김의 보살상이다. 보살상의 전체 높이는 148㎝이다.

 머리는 민머리처럼 표현하였는데 그 위에 보관을 매우 높고 화려하게 조각하였다. 중앙에 아미타여래의 화불이 새겨져 있어 관음보살상임을 알 수 있다. 불상의 신체가 매우 높은 돋을새김으로 새겨진 것에 비해 보관은 광배 위에 아주 얕게 돋을새김 되어 특이한 표현 방식을 보여주고 있으며, 정수리 양쪽으로 봉긋하게 솟아있는 머리 묶음이 있어 보관을 쓴 모습이 더욱 어색하게 보인다.

 넓은 이마에 구슬을 끼워 넣은 백호를 표현하였고 왼쪽 귀에는 귀를 감으면서 내려오는 머리카락을 표현하였다. 얼굴은 마멸되어 표정을 확인하기 어렵지만 입가를 살짝 파내어 미소를 짓는 모습을 표현하였다.

 목에는 굵은 영락(瓔珞)을 새겼고 양쪽 팔에는 팔찌를 새겨서 장식하고 있다. 손 모양은 왼손을 손바닥을 위로 하여 배에 대고 있으며 오른손을 손바닥을 밖으로 향해 엄지와 검지를 맞대고 가슴 앞에 들고 있다.

몸을 휘감고 있는 천의와 허리에서 묶은 군의 띠 매듭 밑으로 흘러내린 군의 자락은 단순하고 의미 없는 주름으로 표현하여 사실감이 부족하며 상체에 비해 하체가 짧아서 신체의 비례가 맞지 않다. 원형의 머리 광배 바깥쪽에는 불꽃무늬를 조각하여 장식하였으며 발아래에는 위로 향한 연꽃잎을 표현한 대좌가 새겨져 있다.

보살상 신체의 안정감과 균형미가 부족한 점, 옷 주름 표현의 단순함, 형식적인 세부 묘사, 보관을 쓴 머리 부분 표현의 미숙함 등으로 볼 때 고려시대 후기에 제작된 보살상으로 추정된다.

마산 광산사 목조보살좌상

경상남도 창원시 마산회원구 내서읍 신감리 474
경상남도 유형문화재 제440호
2006년 4월 6일 지정

광산사 대웅전 수미단 위에는 아미타여래 삼존불상을 봉안하고 있는데 이 가운데 문화재로 지정된 보살상은 본존불의 오른쪽에 앉아있는 보살상이다.

자세는 등이 완만하게 굽었고 고개를 앞으로 약간 숙여 아래를 내려다보는 모습으로 결가부좌하고 있다. 신체의 비례가 잘 맞으며 무릎의 폭이 적절하여 안정감을 준다.

머리에는 화염보주(火焰寶珠)와 꽃문양으로 장식된 화려한 보관을 쓰고, 보관 아래의 머리카락은 앞쪽은 일정한 간격으로 나누어 오목새김 하여 단정한 머릿결을 표현하였으나 뒷면은 머릿결을 생략하여 밋밋하다.

얼굴은 방형으로 이마가 좁은 편이며 턱 선은 둥글게 깎고 뺨에는 살이 올라 부드러운 인상을 준다. 눈은 가늘고 코는 오뚝하며 인중은 뚜렷하게 표현하였다. 입은 다물었는데 입술의 끝을 올려 미소를 짓고 있는 모습이다. 짧은 목에는 삼도를 새겼다.

옷차림은 변형통견 형식으로 오른쪽 어깨에 편삼을 입고 그 위에 대의를 걸쳤는데 수직으로 흘러내린 편삼은 배 아래에서 반원형으로 휘어져 대의 속에 집어넣어 마감하였다. 가슴은 양감이 없이 밋밋하며 가슴 아래에 군의 상단이 수평으로 표현되어 있는데 띠로 묶은 윗부분이 꽃잎처럼 주름지게 새

겨져 있다. 왼쪽 무릎 위 소매 자락은 무릎을 감싸듯 아래로 길게 늘어져 있고 양 발목에서 모아진 군의자락은 부채꼴처럼 좌우로 펼쳐져 있다.

수인은 아미타여래의 하품중생인을 맺었는데 연꽃가지를

쥔 양손은 엄지와 중지를 맞대어 오른손은 가슴 위로 올리고 왼손은 손바닥을 위로 하여 왼쪽 무릎 위에 두고 있다. 손은 따로 만들어 끼웠으며 다른 불상조각과는 달리 손의 측면이나 엄지손가락을 각이 지게 깎은 것은 특이한 점이다.

광산사 목조보살좌상은 허리를 약간 굽히고 머리를 내민 채 시선을 아래로 지그시 굽어보고 있는 것이라든지, 중간이 갈라져 있는 보계와 방형에 가까운 풍만한 얼굴 및 군의의 부채꼴 옷 주름 표현 등에서 조선 후기 보살상의 조각 양식을 잘 보여주고 있다. 제작 시기는 17세기 후반으로 추정되며 당시 불상 양식을 연구하는 데 귀중한 자료가 된다.

마산 법성사 목조보살좌상

경상남도 창원시 마산회원구 회원1동 139-17
경상남도 유형문화재 제472호
2008년 5월 22일 지정

　　법성사 대웅전 내에 봉안되어 있는 석가모니 삼존불 가운데 불상의 우협시보살상이다. 본래 마산 자산동의 보광사에 있었는데 도시계획이 진행됨에 따라 1983년 5월 지금의 장소로 옮겨 왔다. 사찰에서는 대세지보살이라고 부르고 있지만, 보살상의 도상으로 볼 때 보현보살로 보인다. 보살상 뒷면 하반신 쪽으로 도금이 떨어져 있으나 이것을 제외하면 상태는 양호한 편이며 불상의 높이는 약 74.8cm이다.

　　보살상은 허리부터 등으로 서서히 구부려 어깨와 머리를 약간 숙인 자세로 아래를 굽어보고 있는 좌상이다. 신체에 비해 머리가 큰 편이며, 어깨와 양 무릎의 폭이 적절하여 안정감이 있다.

　　머리에는 꽃문양의 테두리를 가진 보관을 쓰고 있는데, 17세기 전반에 제작된 보관에서 보이듯이 뾰족한 테두리의 끝에는 화염보주 모양의 입식(立飾)이 달리고, 구름 속에 봉황이 마주보고 있는 형상이 장식되어 있다. 보관 아래 정면과 측면으로는 머리카락을 일정한 간격으로 가닥을 나누어 오목새김으로 머리카락을 세밀하게 조각하였으며, 뒷면은 밋밋하게 처리하였다. 귀 앞과 뒤로 한 가닥씩의 머리카락이 내려와 어깨에서 고리 모양으로 엮어 다시 세 가닥으로 나누어 어깨 아래로 흘러내린다.

 방형 얼굴에 턱을 둥글게 깎았으며, 이마가 좁고, 사선으로 올라간 눈, 이마로부터 쭉 뻗은 넙적한 코, 도톰하게 올라온 인중선과 얇고 긴 입술에는 미소를 표현하였다. 짧은 목에는 삼도를 새겼다.
 법의는 오른쪽 어깨에 편삼을 걸치고 그 위에 입은 대의는 왼쪽 어깨를 덮고 오른쪽은 살짝 걸쳐 입은 변형통견식이다.

오른쪽 어깨에서 수직으로 내려오는 편삼은 배 앞에서 반원형으로 휘어져 대의 속으로 넣었다.

위로 세운 오른 팔목을 감싼 옷 주름이 접힌 형태나 왼쪽 손목 위에 접힌 대의자락은 사실적으로 묘사되어 있다. 결가부좌한 다리는 오른발만 드러나 있으며 하반신을 덮은 군의자락은 양쪽으로 3개의 주름으로 나누어 흘러내리며 그 끝단은 물결무늬를 이루고 있다.

수인은 아미타여래의 하품중생인으로, 양손의 엄지와 중지를 맞대고 오른손은 가슴 위로 올리고, 왼손은 손바닥을 위로 하였으며 양손에는 연꽃가지를 쥐고 있다.

이 보살상은 정확한 제작시기를 알 수 없지만 전반적인 표현기법으로 미루어 보면 17~18세기 경의 작품으로 추정된다. 신체의 비례가 원만하고 보관의 장엄장식이 우아하고 화려하며 옷 주름의 사실적인 표현이 돋보이는 작품으로 조선 후기 보살상의 양식을 살펴볼 수 있는 좋은 자료이다.

13
통영의 불상

용화사 목조지장시왕상
안정사 석조석가삼존십육나한상
안정사 목조지장시왕상

용화사 목조지장시왕상

경상남도 통영시 봉평동 404
경상남도 유형문화재 제364호
2001년 9월 27일 지정

이 상들은 용화사 명부전에 봉안되어 있는 21구의 목조 지장상과 시왕상 및 그 권속으로 경남 함양군 백전면 백운리에 있었던 영은사(靈隱寺)가 폐사되면서 1903년에 용화사로 옮겨온 것으로 전해진다. 지장보살좌상을 중심으로 왼쪽에 도명

존자, 오른쪽에 무독귀왕의 삼존이 중앙에 봉안되어 있고, 그 좌우에 시왕상 10구와 귀왕상(鬼王像) 2구, 판관상(判官像) 2구, 사자상(使者像) 2구, 인왕상(仁王像) 2구가 배치되어 있다.

지장보살상은 높이가 124.2㎝로 고개를 많이 숙이고 결가부좌를 한 자세이다. 신체에 비해 머리가 큰 편이며 방형의 얼굴에 미소가 없어 근엄한 표정이다. 짧은 목 아래쪽에 간략하게 삼도를 표현하였으며 옷차림은 대의 아래 편삼을 입은 모습이다. 어깨는 둥글고 좁은 편이다. 군의 상단은 가슴 아래에

서 수평으로 표현하였는데 띠를 묶고 한 단 접은 형식이다. 왼손에는 보주를 쥐고 오른손은 엄지와 중지를 맞대어 오른쪽 무릎 위에 올려놓았다.

지장보살상의 좌우에 서 있는 도명존자와 무독귀왕은 호분을 바르고 그 위에 채색하였는데 무독귀왕은 얼굴이 좁고 긴 편이다. 도명존자는 민머리로 지장보살상과 비슷한 형식이며 무독귀왕은 머리에 원유관(遠遊冠)을 쓰고 손에는 홀(笏)을 들었다.

도명존자와 무독귀왕의 좌우에 각각 5구씩 앉아 있는 시왕상들의 표현기법은 거의 동일한데, 머리에는 원유관을 쓰고, 등받이와 팔걸이, 족대(足臺)가 있는 의자에 앉아서 정면을 향한 자세를 취하고 있다. 시왕들의 바깥쪽에는 귀왕, 판관, 사자들이 서 있으며, 입구에는 무기를 든 인왕상이 서 있다.

이 존상들은 「용화사사적기」로 미루어 보아 조성연대는 강희 19년, 즉 1680년(숙종 6)으로 추정된다. 지장보살 삼존을 비롯하여 시왕상·귀왕상·판관상·사자상·인왕상이 모두 등장하는 사례는 임진왜란과 병자호란 이후 17세기에 유행하는 도상으로, 현재 보존상태가 양호하여 이 시기 지장시왕상 연구에 귀중한 자료가 된다.

안정사 석조석가삼존십육나한상

경상남도 통영시 광도면 안정리 1888
경상남도 유형문화재 제489호
2009년 8월 6일 지정

　안정사 나한전에는 석가삼존불상을 중심으로 16나한상, 천부상, 사자상이 양쪽으로 1구씩 봉안되어 있다. 석가삼존상은 몸 전체에 호분이 칠해져 있으며, 16나한상과 권속들은 흰색, 군청색, 녹색, 자주색 등 다양한 색으로 법의를 채색했다. 특히 불상 왼쪽의 5, 6번째 나한상은 다른 존상들과 달리 나무로 제작되었는데 얼굴이나 법의 표현 등이 비슷하지만 다른 존상들이 상체를 숙이고 고개도 약간 숙인 모습인데 비해 허리를 펴고 고개도 들고 있으며, 어깨가 좁고 무릎이 높은 모습 등 양식적인 차이를 보여 좀 더 뒤에 제작된 것으로 보인다.

　나한전 불상은 외형은 파손되지 않은 것 같지만 불상 바닥을 조사한 결과 불상 오른쪽 2번째 나한상을 제외하고는 복장공이 훼손되어 모두 열려 있었고, 복장물도 도난당한 상태였다. 다행스럽게도 불상 왼쪽 3번째 나한상에서는 일부 빼내지 못한 복장발원문 일부와 후령통, 경전인쇄물 일부가 남아있었다. 그 외 양측 협시상이 앉은 이중대좌의 하대좌도 도난당해 상대좌만 남아 있었으며, 삼존불상 모두 연화좌 상면에 묵서로 적은 중수의 기록이 남아 있었다.

　석가삼존상은 신체의 비례가 원만하여 안정감을 주며 허리를 세우고 머리를 약간 숙인 자세이다. 수인은 항마촉지인인데 우협시보살상은 손의 위치를 반대로 하여 좌협시보살상과

대칭을 이룬다.

　본존상은 신체에 비해 머리가 큰 조선 후기 일반적인 양식을 보여주고 있으며 중앙계주와 정상계주를 표현하였다. 얼굴은 방형이며 양 눈썹 사이가 넓어 코를 큼직하게 표현하였고 입은 다물고 있어 단정하면서도 근엄한 인상을 준다.

　법의는 변형 우견편단의 형식이며 가슴까지 올린 군의 상단은 띠로 묶고 세 개의 주름으로 접어 간략하게 표현하였다. 양 무릎을 덮은 군의자락도 무릎 사이로 두 개의 큰 주름으로 정리하여 단순화하였다. 본존불상보다 규모가 작은 양 협시보살상은 머리에 보관을 쓰고 있으며 법의는 변형된 통견 형식으로 오른쪽에 편삼을 입고 그 위에 대의를 걸쳤다. 대체로 본존불상과 신체비례나 얼굴 등에서 비슷한 양식을 보여준다.

　삼존불상 양쪽으로 각각 8구씩 나누어 봉안된 나한상은 규모나 자세에서 조금씩 차이는 있지만 전체적인 제작수법은 비슷하다. 그러나 앉은 자세와 지물을 들고 있는 모습들이 다양하여 각 상들의 개성이 드러나 있다.

불상 왼쪽 3번째 나한상에서 발견된 복장발원문을 통하여 강희 20년, 즉 1681년숙종 7에 조성되었다는 것을 확인하였으며, 또 삼존상이 앉아 있는 연화대좌 윗면의 묵서를 통하여 건륭 24년, 즉 1759년영조 35에 나한전과 명부전 불상을 중수하였다는 것을 알 수 있었다.

안정사 나한전의 불상은 석가삼존상 및 16나한상, 천부상, 사자상이 모두 남아 있으며, 제작 연대가 확실한 불상으로 경상도에서 제작된 불상의 지역적 양상이나 17세기 후반 이후 불상 양식문제를 해결할 수 있는 좋은 자료이다.

안정사 목조지장시왕상

경상남도 통영시 광도면 안정리 1888
경상남도 유형문화재 제490호
2009년 8월 6일 지정

안정사 명부전에는 목조 지장보살상을 비롯해 모두 20구의 불상이 봉안되어 있다. 지장보살좌상을 중심으로 우측에 무독귀왕상 1구, 시왕상과 동자상, 귀왕상, 판관상, 사자상, 역사상이 좌우로 각각 1구씩 배치되어 있다. 지장보살상 좌측의 도명존자상은 2006년 도난을 당하여 남아있지 않다. 이 존상들은 1988년에 개금불사를 하였는데 지장보살상은 도금이 떨어져 나간 부분이 있으며 시왕상과 권속들은 변색되거나 안료의 떨어짐 없이 양호한 상태이다.

지장보살상은 상반신이 긴 편이고 무릎의 폭이 넓어 전체적으로 신체의 비례가 좋아서 안정감을 준다. 그러나 어깨가 둥글고 폭이 좁아서 신체는 왜소해 보인다. 허리를 세우고 머리를 앞으로 약간 숙여 시선은 아래로 향해 있다. 수인은 아미타여래의 하품중생인과 같은 모양으로 오른손을 가슴 위로 들어 엄지와 중지로 작은 구슬을 쥐고 있으며, 무릎 위 왼손은 손바닥을 위로 해 엄지와 중지를 맞대었다. 이마가 넓고 코는 오똑하며 눈은 반쯤 감은 모습이다.

법의는 변형된 통견 형식이며 군의 상단은 사선으로 한 단 접어 가슴 아래에서 수평으로 표현하였다. 양 다리를 덮은 군의 자락은 양쪽으로 두 개의 굵은 주름을 이루면서 흘러내리며, 끝단이 물결 모양을 이룬다. 지장보살 오른쪽에 배치된 무

 독귀왕은 원유관을 쓴 입상이며, 양쪽으로 각각 5구씩 배치된 시왕상은 등 받침과 손잡이 양쪽에 봉황머리와 용머리가 장식된 의자에 앉아있는 좌상이다. 각각의 시왕상은 경책이나 홀을 들거나 혹은 붓을 들거나 머리에 경책을 얹어 그들이 지니고 있는 특징과 역할을 다양하고 생동감 있게 표현하였다.

 명부전 내 각 존상은 모두 복장공이 마련되어 있음을 확인하였으며, 현재 제4대왕 오관대왕과 지장보살상에서 복장발원문을 비롯해 후령통, 경전의 일부가 확인되었다. 2매의 발원문에는 조성연대, 시주자, 조성화원 등에 대해 기록되어 있는데, 지장보살상의 발원문은 명부전 불상 전체에 대한 상세한 기록을 적고 있는데 반해 오관대왕상의 발원문은 오관대왕에 대한 조성연대, 시주자, 화원에 대해 간략하게 적고 있어 이처럼 간략한 내용이 각 상에 복장되어 있었음을 미루어 짐작할 수 있다. 발원문에 의하면 명부전 불상은 1655년효종 6 수화승 삼인(三認)을 비롯해 10명의 화승과 일반인 야장(冶匠)이 참여하여 조성한 작품이다. 내용 중에는 산중노덕(山中老德)과 선덕(禪德), 90여명의 사내질(寺內秩) 등 100여명 이상의 승려들의 명단이 적혀 있어 당시 안정사의 규모가 상당하였음을 짐작할 수 있다.

 이 존상들은 17세기 불상 양식을 잘 반영하고 있을 뿐만 아니라 지장보살상을 비롯해 권속들이 잘 보존되어 있고, 불상의 조성 주체와 조성 연대를 알 수 있는 발원문이 존재한다는 점에서 가치를 지니고 있으며, 이를 통해 조선 후기 불교 조각사 연구의 한 분야인 조각승의 계보문제나 이들의 활동영역에 대한 비교·연구 자료로써 중요하다.

14
하동의 불상

쌍계사 목조석가여래삼불좌상 및 사보살입상
정서리 석조여래입상
이명산 마애석조여래좌상
하동 금오산 마애불
쌍계사 마애불
청룡리 석불좌상
금성사 목조보살좌상

쌍계사 목조석가여래삼불좌상 및 사보살입상

경상남도 하동군 화개면 운수리 208
보물 제1378호
2003년 8월 21일 지정

현재 쌍계사 대웅전에는 석가모니불과 아미타불, 약사불의 삼세불좌상과 일광·월광·관음·세지보살로 추정되는 네 보살입상이 봉안되어 있다. 그러나 오른쪽 보처불인 아미타불상은 조성시기와 재료, 양식적 특징이 다른 상들과 달라 문화재 지정에서 제외되었다.

중앙의 본존불인 석가모니불은 세 불상 중 가장 크고 건장한 신체에 무릎이 넓어 균형 잡힌 모습을 보인다. 머리카락은 나발로 표현하였으며 육계와의 구분이 명확하지 않은 머리 중앙에는 중앙계주가, 정수리에는 정상계주가 표현되어 있다. 방형의 얼굴은 근엄한 듯 부드러운 인상을 느끼게 한다. 옷은 양 어깨를 덮은 통견 형식이며 오른팔이 드러나도록 함으로써 17세기 전반 경 이후 불상들에서 전형적으로 나타나는 옷차림을 보여주고 있다. 손 모양은 왼손을 무릎 위에 두고 오른손을 무릎 아래로 내린 항마촉지인을 하고 있는데, 사실성이 돋보여 이 불상을 조성한 화승의 뛰어난 조각 솜씨를 살펴볼 수 있다.

본존불의 왼쪽 편에 앉아 있는 약사불은 등은 펴고 얼굴은 굽어보는 듯한 자세와 머리의 형식, 얼굴 표정, 짧아진 목과 당당한 어깨, 넓은 무릎, 사실적인 손의 표현, 밋밋한 듯 부피감이 있는 신체 등 본존불과 동일한 양식적 특징을 보여주고

있다. 그러나 석가모니불에 비하여 크기가 다소 작아지고 수인이 아미타불의 하품중생인을 취하고 있는 점, 또 옷차림이 변형된 통견 형식으로 표현된 점 등은 본존불과 뚜렷이 구별되는 차이점이라 할 수 있다.

사보살입상은 약사불과 아미타불 좌·우에 서 있는 네 구의 보살입상으로 일광·월광보살상과 관음·대세지보살상으로 추정된다. 개금불사를 위해 기초 작업을 하던 중 이 보살상들의 재료는 소나무(陸松)이며 손과 발을 별도로 만들어 끼웠다는 것을 알게 되었다. 또 어깨 위로 길게 드리워진 머리카락

역시 옻칠과 황토를 혼합하여 만들어 따로 붙였고 등 뒤에는 복장구(腹藏口)를 마련한 것도 확인하였다. 네 구 모두 배를 앞으로 약간 내민 듯한 S자 모양의 늘씬한 체구에 화려한 보관을 쓰고 있으며, 귀걸이 · 목걸이 · 팔찌 등의 장식을 하였다. 약사불의 양 옆에 있는 일광 · 월광보살상은 보관 중앙에 해와 달 모양이 표현되어 있으며, 왼손을 어깨 위로 들고 오른손을 아래로 하여 연꽃가지를 들고 있다. 한편 아미타불의 양 옆에 있는 관음 · 대세지보살상은 오른손을 어깨 위로 들고 왼손을 아래로 내렸는데, 각각 연꽃가지와 정병을 들고 있다. 양 어깨를 모두 덮고 있는 천의 자락, 양 손 · 발 등의 조각 수법이 매우 자연스럽고 사실적이어서 석가모니불 및 약사불상과 함께 작품성이 뛰어나다.

불상 안에서 발견된 조성기에 의하면, 숭정 12년, 즉 1639년 인조 17에 청헌(淸憲)을 비롯한 11명의 화승들에 의해 조성되었음을 알 수 있다. 그러므로 쌍계사 목조삼세불좌상 및 사보살입상은 조선시대 17세기 전반 경의 불상 연구에 중요한 자료로 평가된다.

정서리 석조여래입상

경상남도 하동군 악양면 정서리 산 98-5
경상남도 유형문화재 제45호
1972년 2월 12일 지정

이 불상은 부처의 몸과 광배, 대좌가 하나의 돌에 새겨진 석조불상으로 전체 높이는 255cm, 불상의 높이는 190cm이다. 40여 년 전 근처에서 옮겨 온 것으로 현재는 강선암 용화전에 봉안되어 있다. 양쪽 손이 없어져서 새로 만든 것을 제외하면 원형이 잘 보존되어 있다.

불상은 민머리에 육계가 높직한데 현재는 꽃문양이 장식된 보개(寶蓋)를 올려놓아서 원래의 모습과는 차이가 있다. 얼굴은 살이 오른 둥근 윤곽에 길고 가는 눈과 작은 입, 긴 턱 등이 표현되어 고려시대 불상의 특징을 잘 보여준다.

양쪽 어깨를 감싼 통견의 옷자락은 상반신에서 몇 개의 넓은 반원형의 주름을 이루며 내려와서 허리 부분에서 Y자 모양으로 갈라지면서 두 다리 사이로 모아지는 듯하다가 무릎 부분에서 양쪽에 작은 U자를 그리면서 종아리부분에서 넓고 큰 U자 모양으로 마무리되는 우드야나 형식의 옷 주름을 표현하였다. 주름은 얕게 새겨져 있으며 상당히 형식화된 모습이다.

불상의 광배는 끝이 둥근 반원형으로 머리 광배와 몸 광배를 띠처럼 돋을새김으로 구분했을 뿐 다른 무늬는 없다. 대좌는 반원형으로 연꽃이 새겨진 상대와 일부가 땅속에 묻힌 방형의 하대로 구성되어 있다.

신체의 균형미나 탄력 있는 양감의 표현은 신라 불상의 양식을 반영하고 있으나 얼굴이나 옷 주름 표현 등 세부적인 묘사에서 고려시대 불상의 특징을 나타내고 있어 통일신라시대 불상을 이어받은 고려 초기의 불상으로 추정된다.

이명산 마애석조여래좌상

경상남도 하동군 북천면 직전리 산 74-1
경상남도 유형문화재 제136호
1974년 12월 28일 지정

    이 마애불은 암벽을 다듬어 감실과 같은 효과를 내고 돋을새김으로 조성하였다. 불상의 자세는 현재 무릎 이하가 완전히 없어졌고 남은 하체부분도 윤곽이나 세부를 알아보기 어려운 상태인데 문화재로 지정할 당시에는 좌상으로 조사되어 있다. 그러나 신체의 아래쪽에는 2~3단의 완만한 U자형 옷주름이 남아있으며 바위 면에 배치된 구도라든가 전체적인 비례로 보아서는 입상으로 생각된다.

    광배는 따로 새기지 않고 암벽 자체가 광배의 역할을 하고 있다. 머리는 높은 돋을새김으로 표현하였는데 민머리에 육계가 높고 크다. 신체는 아래로 내려갈수록 새김이 얕으며 세부 표현은 선 새김으로 처리하였다.

    얼굴은 살이 오르고 턱은 둥글며 양감이 풍부한 편이다. 얼굴의 세부 표현은 표면이 많이 마멸된 상태이므로 분명하지는 않지만 눈매와 꾹 다문 입을 보면 근엄한 표정을 짓고 있는 듯하다. 목에는 2줄의 선을 새겨서 삼도를 표현하였으며 넓은 어깨에는 통견의 대의가 걸쳐져 있고 오른팔에는 걸쳐진 대의자락이 흘러내려 있다. 오른손은 가슴까지 들어올려 시무외인을 취하였으며 왼손은 손바닥을 펴서 아래로 내려뜨린 여원인을 맺고 있다.

    이 불상은 위에서 아래로 내려올수록 새김의 정도가 약해

지고 세부 표현이 간략하고 단순화되는 등 조각수법으로 보아 통일신라시대 말 내지는 고려시대의 작품으로 추정할 수 있다.

하동 금오산 마애불

경상남도 하동군 금남면 중평리 산 100-3
경상남도 유형문화재 제290호
1993년 1월 8일 지정

남해 바닷가에 가까운 해발 850m의 금오산 정상 아래의 큰 자연 암벽에 새겨진 높이 110cm의 선 새김 마애불좌상이다. 불상은 앞면이 ㄱ 모양으로 터진 거대한 바위의 한 면에 조각되었다. 이 바위 위로는 커다란 또 다른 바위가 천장처럼 덮여서 예배 공간을 구성하고 있다.

바위 벽 중앙에 자리 잡은 불상은 결가부좌한 좌상으로 선 새김이 얕으며 표면마저 마멸되어 있어 자세나 수인, 옷차림 등 세부 표현을 확인하기는 어렵지만 전체적인 윤곽은 파악할 수 있다.

머리는 민머리로 표현하였으며 머리 위에 둥글게 육계가 솟아있다. 육계 정면에는 조그마한 구멍이 나 있다. 이 구멍은 마치 중앙계주를 꽂았던 흔적처럼 보인다.

얼굴은 넓적한 타원형인데 턱은 약간 각이 진 형태이다. 얼굴은 손상을 많이 입어 표정을 알아보기는 어렵다. 짧은 목에는 삼도를 표현하였다. 비교적 넓은 어깨에는 통견의 형식으로 대의를 걸쳤다. 가슴 앞에는 사선으로 내의를 표현하였다.

두 손은 정확한 형태를 알 수는 없지만 가슴 앞에 모아져서 양손의 엄지와 중지를 맞대고 오른손은 위에, 왼손은 아래에 표현되어 있는데 전법륜인(轉法輪印)의 수인인 것 같다. 전법륜인은 우리나라 불상에는 흔치않은 수인으로 이 불상 조각

가의 섬세한 조각기법을 보여준다.

 무릎의 높이는 비교적 낮은 편이나, 무릎 폭이 상체와 비례하는 적절한 너비로 안정감 있게 앉아 있다. 광배는 둥근 거신광이며, 내부에는 둥근 머리 광배가 오목새김으로 표현되었고 아무런 무늬도 새기지 않았다. 대좌 위로는 상현좌(裳懸座)

처럼 중앙 부분에 옷 주름이 역삼각형 모양으로 과장되게 흘러내리고 있다. 불상의 오른쪽 벽면에는 단순한 형태의 9층탑이 선 새김 되어있어 흥미롭다.

  이 마애불상은 바위 그늘의 암벽에 선 새김으로 조성한 불상으로 표면은 다소 마멸된 상태이지만 보존상태가 비교적 양호하고 불상 옆에 9층 석탑 형식의 마애 탑이 조각된 특이한 형태를 보이고 있다. 새김 기법이 정교하고 치밀한 편은 아니지만 신체 각부의 비례가 안정된 모습이나 옷 주름의 표현 등을 보면 고려시대의 작품으로 추정된다.

쌍계사 마애불

경상남도 하동군 화개면 운수리 207
경상남도 문화재자료 제48호
1983년 7월 20일 지정

이 마애불은 쌍계사 대웅전 동쪽에 있는 큰 암석의 한 면을 파내고 그 안에 돋을새김 하여 조성한 높이 135㎝, 어깨너비 60㎝, 무릎너비 90㎝인 불상이다. 바위 면을 파내어 감실처럼 새겼기 때문에 이 불상은 감실에 봉안되어 있는 듯한 느낌을 주는 독특한 형식의 마애불상이다.

불상은 머리에 비해서 육계가 매우 큰 모습에 둥근 얼굴에는 살이 올라있다. 눈은 수평으로 새겼으며 코가 크고 입은 작은 편으로 고려시대 불상의 특징을 잘 나타내고 있다.

법의는 매우 두텁게 표현하였는데 변형 통견 형식으로 대의 아래 입은 편삼을 표현하였다. 옷 주름은 계단식으로 표현한 오목새김 선으로 단순화하였으며 가슴 아래에 군의의 상단이 표현되어 있다. 목은 지나치게 짧고 삼도는 표현하지 않았다. 양 손은 두툼한 대의에 덮여 있어 확실히 표현하지는 않았으나 공수(拱手)의 자세로 보인다. 불상의 위쪽 원래의 바위 면에 '나무아미타불(南無阿彌陀佛)'이라는 글자가 조각되어 있다.

이 불상은 승려의 상으로 보일 만큼 소박한 형상이며 대의의 표현이나 손의 처리 등에 독특한 점들이 있어 고려시대 후반 내지는 조선시대 초기의 불상으로 추정된다.

청룡리 석불좌상

경상남도 하동군 옥종면 청룡리 119-3
경상남도 문화재자료 제245호
1997년 12월 31일 지정

 '우마니들', '우마니 절터' 라고 전해지고 있는 하동군 옥종면 청룡마을 앞 들판에서 1954년 이 지역의 시장 개설 공사를 할 때 발견된 불상이다. 그 후 주민들이 뜻을 모아 지금의 우체국 뜰로 이전하고 작은 보호각을 지어 현재의 상태로 보존하고 있다.

 불상의 크기는 높이가 107㎝, 어깨 높이는 69㎝, 폭이 97㎝이며 결가부좌 자세의 좌상이다. 불상의 광배와 대좌는 남아 있지 않다.

 불상은 머리 부분의 훼손이 심해 머리와 육계를 구별하기 힘들고 얼굴은 윤곽만 파악할 뿐 이목구비를 알아보기 어렵다. 짧은 목에는 삼도가 새겨져 있는데 쇄골 선까지 내려서 표현하였다. 옷 주름은 거의 표현되지 않아 벗은 몸처럼 보인다.

 수인은 손상이 있어 확실하지는 않지만 오른손은 무릎 아래로 내려 손등을 위로 하여 엄지와 중지를 맞대고 있는 듯하고 왼손은 단전쯤에서 손등을 아래로 하여 엄지와 중지를 맞대고 있는 것 같다. 손 모양으로 보아서는 아미타여래의 하품중생인이 아닐까 생각되지만 오른손을 가슴께로 올리지 않고 아래로 내린 것은 다른 아미타불상에서 볼 수 없는 독특한 자세이다.

 전체적으로 섬세하고 세밀한 기교가 없이 단순하게 표현한

것이나 큼직한 얼굴에 표정은 확인하기 어렵지만 눈, 코, 입이 모아진 형태로 보면 고려시대 불상으로 추정된다.

금성사 목조보살좌상

경상남도 하동군 진교면 교룡리 산 80
경상남도 문화재자료 제372호
2005년 3월 31일 지정

금성사는 최근에 새로 대웅전을 건립하면서 석가모니삼존불과 관음, 지장보살상을 조성하였다. 문화재자료로 지정된 목조보살좌상은 옛 대웅전 불단에 모셔진 본존불의 우협시보살이었다. 현재 이 보살상은 새로 건립한 대웅전 불단 오른쪽 구석에 옮겨져 있다.

보살상은 허리를 세우고 머리를 앞으로 숙여 결가부좌의 자세로 앉아 있다. 머리에는 보관을 쓰고 있고 귀를 타고 내려온 머리카락은 다시 귀 뒤로 돌아서 어깨에서 세 가닥으로 나누어져 흘러내린다.

보관은 꽃, 구름, 화염보주 등의 문양으로 화려하게 장식하여 조선시대 보관 형식을 잘 보여주고 있다.

방형에 가까운 얼굴에 살이 올라 있으며 턱은 둥글게 표현하였다. 눈썹은 반원형으로 새겨 녹색으로 칠을 했으며 코는 오똑하며 입가에는 미소를 표현하였다. 짧은 목에는 삼도가 얕게 새겨졌다.

수인은 아미타구품인 가운데 하품중생인으로 양손 모두 무릎 위에 올렸는데, 오른손은 손등을 위로 하고 왼손은 손등을 아래로 하여 엄지와 중지를 둥글게 맞대고 있다.

대의는 통견 형식이며 가슴 아래 수평으로 표현한 군의 상단은 띠로 묶고 군의 자락을 길게 내어 대각선으로 접었다. 결

가부좌한 다리는 오른발만 보이며 군의자락은 아래로 펼쳐지듯 흘러내렸는데 왼쪽 무릎의 군의자락은 오른발 아래에서, 오른 무릎의 군의자락은 오른 발목부터 물결 모양으로 접혀 있는 모습이다.

　이 보살상은 전체적으로 안정감이 있는 신체 비례를 갖추고 있으며 얼굴은 부드럽고 온화한 인상을 준다. 방형에 가까운 둥근 얼굴과 양감이 부족한 밋밋한 신체의 표현, 중간이 갈라지는 낮은 보계 등은 조선 후기 보살상의 특징을 잘 보여주고 있다.

15
함안의 불상

대산리 석조삼존상
방어산 마애약사여래삼존입상
장춘사 석조여래좌상

대산리 석조삼존상

경상남도 함안군 대산리 1139
보물 제71호
1963년 1월 21일 지정

이 석조삼존불은 대사골로 불리는 마을 앞 절터에 있는데, 두 보살상은 손 모양만 다를 뿐 같은 조각 수법을 나타내고 있다. 현재의 본존불과 좌우 보살상은 한 조의 삼존불로 보기는 힘들며 보살상들은 어느 불상의 협시보살상이었을 것으로 생각된다. 삼존불의 크기는 본존불인 좌상이 86cm, 왼쪽 보살상 151cm, 오른쪽 보살상 162cm이다.

왼쪽 보살상은 머리에 두건과 같이 생긴 보관을 쓰고 있다. 길쭉한 얼굴에 가는 눈, 길고 납작한 코, 작고 두꺼운 입술 등이 평판처럼 조각되어 생동감 없이 경직된 느낌을 준다. 귀는 옆에 바짝 달라붙었으며, 목에는 삼도가 형식적으로 표현되었다. 신체는 굴곡이나 양감이 별로 표현되지 않은 딱딱한 모습을 보여준다.

왼손은 아래로 내려 정병을 잡고 있고, 오른손은 배 부근에 대었다. 옷차림은 마치 부처의 대의처럼 천의를 가슴에서 Y자형으로 여미고 허리에서 띠로 묶었다. 양쪽 다리 위에는 동심(同心) 타원형의 주름을 표현하였고 다리 사이에는 꽃문양이 새겨진 매듭을 늘어뜨리고 있다. 가슴과 팔에는 선 새김으로 평행한 옷 주름을 나타내었다. 왼쪽 어깨에는 옷자락을 묶은 매듭이 있다.

대좌는 상·하대로 이루어졌다. 둥근 모양의 상대에는 홑잎 연꽃문양이 3단으로 표현되었고, 하대에는 겹잎의 겹 연꽃 문양이 새겨져 있다. 그 아래에는 각 면에 안상이 새겨져 있다.

오른쪽 보살상은 왼쪽 보살상과 세부 모습에서 약간 차이가

날 뿐 표현 수법은 거의 같다. 왼쪽 상보다 어깨가 좀더 넓어 건장한 느낌을 준다. 손은 왼손을 배에, 오른손을 가슴에 대고 손바닥이 밖으로 보이게 하였다.

보살상보다는 약간 뒤에 놓인 석불좌상은 머리 부분과 광배, 신체 일부가 깨어진 상태이다. 조각 수법은 보살상들과 마찬가지로 신체의 굴곡이 표현되지 않아 양감이 거의 느껴지지 않는다. 가슴에 선 새김으로 우견편단의 옷차림을 나타내었다. 두 손은 결가부좌한 다리 위에서 아미타여래의 구품인 가운데 상품상생인(上品上生印)을 짓고 있다. 우리나라에 남아 있는 불상 가운데 상품상생인의 수인은 매우 희귀한 예이므로 불상의 도상을 연구하는 데 중요한 자료가 된다.

하체는 결가부좌한 윗부분만 남아있어 발이 약간 표현되었을 뿐이다. 광배는 거의 다 없어졌는데 머리 광배와 몸 광배가 구분되어 있고 당초문양이 일부 남아있다.

양감이 거의 표현되지 않은 밋밋하게 직립한 신체의 모습, 두 다리에 표현된 좌우대칭의 동심 타원형 옷 주름, 가슴과 팔의 도식적인 옷 주름 표현 등은 고려시대 형식화된 불상 양식을 잘 반영하고 있어 불상의 제작 시기를 추정할 수 있다.

방어산 마애약사여래삼존입상

경남 함안군 군북면 하림리 131
보물 제159호
1963년 1월 21일 지정

이 삼존불상은 평평한 바위 면에 새겨진 마애불로서 본존불의 높이는 4m 정도에 달한다. 중앙에 약사여래를 중심으로 좌우에 일광보살과 월광보살을 선 새김 기법으로 새겼다. 보살상들은 본존불상을 향해 약간 옆에서 바라보고 선 자세를 취하고 있는데 다른 마애불들보다 한결 자연스럽다. 두 보살상의 크기가 본존불의 가슴 정도밖에 미치지 못하는 것은 본존불 가슴 위까지 표현되는 일반적인 보살상의 크기와는 차이가 있다. 신라의 통일 무렵 조성된 경주 선도산 마애삼존불 보물 제62호의 불·보살상 비율과 비슷한 듯하다.

본존불은 민머리에 육계가 큼직하고 높게 솟아있다. 좁은 이마에 백호가 표현되어 있으며 눈은 가늘고 옆으로 길게 새겼다. 코와 입 주위는 약간 더 오목새김 하여 윤곽을 강조하였다. 귀는 어깨까지 내려올 정도로 길게 표현하였고 목은 짧은데 삼도가 잘 새겨져 있다. 어깨는 좁고 둥글며 상체에 비해 하체가 매우 길이 이색한 느낌을 준다.

옷차림은 통견의 형식이며 옷 주름은 선 새김으로 비교적 간결하게 표현하였다. 손 모양은 오른손은 가슴 앞에서 손바닥을 밖으로 하여 펴고 있으며 왼손은 가슴 아래에서 약합을 받쳐 들고 있다. 대좌는 위로 향한 홑잎의 연꽃을 새긴 연꽃대좌이다.

본존불 왼쪽은 일광보살로 눈 꼬리를 살짝 올린 표현으로 남성적인 강렬한 인상을 나타내며, 두 손은 가슴 앞에서 거리를 두고 세운 자세이다. 오른쪽 보살은 월광보살로 눈썹 사이에 달무늬가 새겨져 있고 눈은 수평에 가깝게 새겨서 온화하고 부드러운 표정을 나타내고 있다.

이 삼존불은 목의 삼도가 지나치게 가슴으로 처지는 과장적 수법, 측면관이어야 할 귀를 정면관으로 처리한 수법 등에서 도식적인 모습이 잘 드러난다. 얼굴이나 신체의 윤곽선, 옷자락 선 같은 선 처리에서는 형식적인 느낌을 주며 8세기 무렵 불상에서 보이는 유려하고 긴장미 넘치는 조각과는 차이가 있다.

월광보살상의 오른쪽 여백에는 불상조성기가 새겨져 있는데 다음과 같다.

成人弥刀秦, 貞元十七, 年辛巳, 三月十六日, 鴻巖仏, 成記願旨, ▨父▨不▨, ▨▨▨日弥, 二▨母弥叉, 一切衆生▨

정원(貞元)은 당나라 연호로서 정원 17년은 801년 애장왕 2에 해당한다. 따라서 이 삼존불은 확실한 연대를 알 수 있는 작품으로서 신라 조각 편년 연구에 귀중한 자료로서의 가치가 있다.

장춘사 석조여래좌상

경남 함안군 칠북면 영동리 산 2
경상남도 유형문화재 제7호
1972년 2월 12일 지정

이 불상은 장춘사 약사전에 있는 석불좌상으로 불상 높이는 73㎝이다. 불상은 배 모양 거신광의 광배와 한 돌로 조성되었는데 지금은 도금을 한 상태이다. 나발의 머리에 둥글고 큰 육계가 솟아있다.

불상의 신체는 둥글고 넓은 어깨에 가슴을 당당하게 펴고 있는데 무릎의 폭이 넓은 편이어서 안정감 있는 자세를 보여주고 있다. 얼굴은 약간 긴 편이며 귀는 매우 크고 길다. 눈은 작고 가늘며 코와 입도 작은 편이다. 짧은 목에는 삼도가 표현되어 있지 않다.

옷차림은 우견편단의 형식으로 어깨에서 내려오는 네 줄의 옷 주름이 오른쪽 겨드랑이에 걸쳐지며 왼쪽 팔뚝에도 어깨에서 흘러내린 옷 주름이 손목 부근에 걸쳐있다. 오른쪽 팔뚝 부분과 허리 사이를 뚫어 놓았다.

왼손은 결가부좌한 다리 위에 올려 약합을 받쳐 들고 있어 약사여래상이라는 것을 알 수 있다. 항마촉지인을 짓고 있어 통일신라시대 약사여래상의 계보를 잇는 상으로 추정된다.

광배는 붉은 색 안료로 바탕색을 칠했는데, 배 모양 거신광 내부에 둥근 모양의 머리 광배와 몸 광배를 굵은 돋을새김의 띠로 표현하였다. 머리 광배 내부에는 11잎의 연꽃잎을 겹으로 돋을새김 하여 장식하였으며 광배의 가장자리에는 불꽃무

늬가 새겨져 있다.

 이 불상은 통일신라시대 약사여래좌상의 형식을 따르고 있는 상으로서 전체적으로 단아한 인상을 준다. 그러나 신체 세부 표현이 투박하고 살은 올랐지만 양감이 부족하며 각 부분의 마무리도 정교하지 않은 점 등을 고려하면 고려시대의 불상으로 짐작된다.

16
함양의 불상

덕전리 마애여래입상
교산리 석조여래좌상
법인사 목조아미타여래좌상
이은리석불
승안사지 석조여래좌상
극락사지 석조여래입상
용산사지 석조여래입상
대덕리 마애여래입상
용추사 지장시왕상
안국사 목조아미타여래좌상
상연대 목조관음보살좌상
백운암 목조아미타여래좌상
안국사 목조관음보살좌상

덕전리 마애여래입상

경남 함양군 마천면 덕전리 768-6 고담사
보물 제375호
1963년 1월 21일 지정

    이 불상은 큰 바위 면에 돋을새김 하였는데 높이가 5.8m나 되는 큰 마애불이다. 마애불이 조각된 바위 옆에는 고담사라는 절이 세워져 있다. 이렇게 거대한 불상은 주로 고려시대에 많이 제작되었는데 이 불상도 그 시대 불상의 특징을 두루 갖추고 있다.

    불상의 머리는 나발의 형식이며 비교적 작은 육계가 솟아 있다. 얼굴은 둥글고 살이 찐 온화한 인상인데 눈, 코, 입이 뚜렷하다. 귀는 어깨까지 내려오고 목은 비교적 짧으며 삼도가 새겨져 있다. 넓고 당당하게 벌어진 양 어깨에는 통견의 대의를 걸쳤는데 가슴에서 한 번 뒤집어져 있다.

    이와 같은 옷차림은 인도에서 발생하여 중국을 거쳐 우리나라 통일신라 조각에 유입된 양식이다. 경주 감산사석조아미타여래입상을 비롯하여 8세기에 제작된 불상에서 성행하였다. 특히, 배와 다리 부분에서 접힌 옷 주름은 이른바 우드야나 형식이라고 불리는 Y자형 주름인데, 통일신라시대의 불상에 비해서는 한결 단순하고 틀에 맞춘 듯한 방식으로 조각되었다. 무릎 아래까지 내려온 대의 끝단이 뾰족한 점이나 도드라진 무릎 주름 등은 인근의 거창 양평동석조여래입상과 유사하다. 그러므로 이 마애불은 인접한 지역의 통일신라 말기의 불상 양식으로부터 영향을 받았을 것으로 추정된다.

상체는 짧고 하체는 상대적으로 늘씬하며 발도 큼직하게 표현하였다. 신체에 비해서 팔은 짧고 손도 작은 편이다. 수인은 왼손은 설법인(說法印)을 맺고 있으며 오른손은 손등을 앞으로 하여 아래로 내리고 있다. 전체적인 손 모양은 경주 감산사 여래입상의 그것을 모방한 듯하지만 세부 묘사는 한결 단순화하였다.

광배와 대좌도 모두 갖추었는데, 광배는 배 모양의 거신광으로 머리 광배와 몸 광배가 두 줄의 돋을새김 띠로 조각되었다. 안쪽에는 연꽃구슬문양이 조각되어 있고 밖에는 불꽃무늬가 새겨져 있다.

대좌의 형태는 2단의 독특한 모양인데 하대는 마치 석탑의 기단처럼 기둥과 갑석을 새기고 그 위에 위로 향한 연꽃 문양이 새겨진 연화대좌를 조각하였다.

정확한 제작 시기는 알 수 없으나 통일신라시대 불상 조각을 이어받아 고려 초기에 조성한 불상으로 추정된다.

교산리 석조여래좌상

경남 함양군 함양읍 교산리 217 함양중학교
보물 제376호
1963년 1월 21일 지정

함양중학교 교정에 있는 이 불상은 불상 높이 2.45m, 대좌 높이 1.58m의 큰 불상이다. 현재 불상 뒤의 있던 광배가 없어지고, 불상의 얼굴과 오른손, 무릎 및 대좌 일부가 없어진 상태이다.

불상의 세부 형태를 살펴보면 머리는 윗부분이 깨어지고 마멸되어 육계가 있는지 확인하기 어려운 상태이지만 민머리의 형식인 듯하다. 반달형으로 깎은 눈썹과 눈, 코, 입은 윤곽을 확인할 수 있다. 턱은 다소 길게 표현하여 고려시대 불상의 특징을 잘 보여준다. 그리고 불상의 인상은 같은 함양지역의 덕전리 마애여래입상과도 비슷하다.

목에는 삼도가 새겨져 있고 어깨는 둥근데 우견편단의 옷차림을 하고 있다. 옷 주름 표현은 몸의 앞쪽과 뒤쪽에 약간의 차이가 있다. 즉 몸의 앞쪽 옷 주름은 돋을새김의 주름을 표현하였음에 비하여 뒤쪽 옷 주름은 오목새김의 기법으로 표현하고 있다. 옷 주름의 오목새김 형식은 고려시대 조각에서 흔히 볼 수 있는 기법이다.

수인은 오른손이 깨어져서 정확하지는 않지만 촉지인을 맺고 있는 것으로 보인다. 왼손도 손상이 심하지만 무릎 위에서 항마인을 맺고 있는 것 같다. 이처럼 우견편단의 법의를 입고 항마촉지인의 수인을 한 불상 형식은 경기도 광주철조여래좌

상이나 충남 서산의 보원사지 출토 철조여래좌상과 같이 고려 초에 제작된 것으로 추정되는 철불들과 동일한 유형의 작품으로 생각된다.

대좌는 상·중·하대를 고루 갖춘 사각대좌로 상대의 앞뒷면이 깨졌고, 양 측면에 겹잎의 연꽃문양이 3개씩 조각되어 있다. 중대에는 각 면마다 커다란 안상이 2개씩 배치되었고, 아래로 깔린 연꽃이 새겨진 하대는 비교적 선명히 남아 있는 편이다.

지대석에도 안상을 새겼고 안상 내에는 구름무늬가 표현되어 있다. 대좌의 형태는 여주 고달사지석불좌와 유사하며, 특히 연꽃잎의 조각이 서로 닮아 주목된다. 그러므로 제작 시기는 고려 초인 10세기 말엽으로 추정된다.

법인사 목조아미타여래좌상

경남 함양군 안의면 금천리 177-3
보물 제1691호
2010년 12월 21일 지정

이 불상은 법인사 극락보전에 봉안되어 있다. 약간 길고 둥근 얼굴에 신체는 허리가 길고, 어깨는 넓고 완만한 어깨선을 갖추었으며, 결가부좌한 다리는 높이가 낮고, 폭이 넓어 전체적인 비례가 알맞아서 안정감이 있다.

나발로 표현한 머리에는 육계가 구분이 불분명하게 낮고, 육계의 경계에는 반달 모양의 중앙계주를, 정수리에는 원통 모양의 정상계주를 표현하였다. 얼굴은 타원형으로 이마가 좁은 편이며, 반쯤 감은 눈은 길고 위로 치켜 올라가 눈매가 날카롭다. 초승달 모양의 눈썹과 오똑한 코, 가늘고 길게 표현된 입술은 그 끝이 살짝 올라가 미소를 머금고 있다. 미간에는 백호를 돌출되게 표현하고, 목에는 삼도를 얕게 표현하였다.

법의는 변형통견 형식으로 오른쪽 어깨 위에 편삼을 입고 그 위에 대의를 이중으로 걸쳐 입은 모양이다. 오른쪽 어깨 앞쪽으로 살짝 걸쳐 내린 대의는 끝단이 약간의 곡선을 이룬다. 결가부좌한 다리를 덮은 군의는 발목 아래로 흘러내리는데 양쪽으로 서너 개의 주름을 표현하였다. 오른쪽 어깨에 걸친 대의 자락이 겨드랑이와 배를 지나 왼쪽 어깨까지 이어져 길게 늘어져 있다. 군의 상단은 가슴 아래에서 수평으로 표현하였으며 돋을새김으로 새긴 두 줄의 평행 띠로 묶고 위를 대

각선으로 접은 모습이다. 수인은 하품중생인을 맺었는데, 왼손은 손바닥을 위로, 오른손은 손등을 위로 하여 중지와 엄지를 맞대었다.

이 불상에서는 복장물이 발견되었다. 이 가운데 전지 한 장으로 되어 있는 발원문은 현재 불상에 다시 넣었으며, 발원문을 제외한 『묘법연화경』과 『보협인다라니경(寶篋印陀羅尼經)』, 복장 마개 등의 복장 유물은 현재 해인사 성보박물관에 위탁 보관중이다.

발원문을 통하여 이 불상은 1657년에 영규(靈圭)와 조능(祖能) 등이 조성한 불상이라는 것을 알 수 있었다. 현재 다른 지역에서 영규가 조성한 불상은 확인되지 않지만, 조능은 1640년 법령(法靈)이 수화승을 맡아 제작한 전북 옥구 불명사 목조불좌상의 조성에 참여하고, 1655년에는 수화승을 맡아 전북 전주 봉서사 목조관음보살좌상전라북도유형문화재 제156호을 조성하였다. 법인사 아미타여래좌상은 이 시기 불상 가운데 조각적 완성도도 비교적 높을 뿐 아니라 조각승과 봉안처, 시주자의 이름 등도 파악할 수 있어 17세기 중반 불상의 양식을 연구하는 데 대단히 중요한 자료로서 그 의미가 크다.

이은리석불

경남 함양군 함양읍 운림리 354-1
경상남도 유형문화재 제32호
1972년 2월 12일 지정

  이 불상은 원래 망가사(望迦寺)라는 절이 있었다고 전해지는 이은리의 냇가에 방치되어 있다가 현재의 자리로 옮겼다. 이 불상은 현재 두 손이 떨어져 나갔고, 신체의 하부와 대좌는 파손되어 자연석 위에 상체만 붙여진 상태이며 높이는 1.8m이다. 광배는 불상과 한 돌로 조성하였으며 불상의 신체는 높은 돋을새김으로 조각하였다.

  민머리에 비교적 낮고 평평한 육계가 솟아있다. 넓고 살이 오른 얼굴에 이마에는 백호를 나타내는 구멍을 뚫었으며, 눈은 약간 둥글게 조각하여 웃고 있는 것 같은 느낌을 준다. 코와 입은 마멸되어 정확히 파악하기 어렵지만 입매는 작아서 고려시대에 유행하던 불상의 형식을 따르고 있다. 두 귀는 길고 목도 굵은 편인데 삼도를 새기고 있다. 어깨는 얼굴에 비해 왜소해 보인다.

  불상의 옷차림은 통견의 형식인데, 양 어깨에서 가슴 밑으로 V자형에 가까운 U사형을 그리며 길게 늘어져 흘러내리고 있다. 배 아래로는 없어졌기 때문에 현재는 가슴에서 배로 내려오는 계단식 옷 주름만 볼 수 있다. 팔에 걸쳐진 옷 주름은 계단식으로 표현하지 않고 굵은 오목새김 선으로 처리하였으며 법의는 두꺼운 편이다. U자형의 평행한 옷 주름 묘사는 충청북도 충주지방에 전해지고 있는 철불들의 그것과 비슷한

기법을 보여주고 있어서 주목된다. 팔에 걸친 옷 주름이 바로 가슴 앞의 주름과 연결되게 표현한 것은 사실적인 옷차림을 제대로 표현해내지 못한 것이다. 양 팔에는 손을 따로 만들어서 끼웠던 구멍이 깊게 나 있다.

광배는 거신광인데 그 안에 동심원 2개를 돋을새김 하여 머리 광배를 만들고 작은 원에는 좁고 넓은 연꽃잎을 새겼으며, 머리 광배의 바깥 원과 몸 광배 좌우에는 고사리 모양의 꽃과 풀 무늬를 새겼다.

하체는 잃었지만 머리에 비해서 신체의 표현이 빈약하다는 것을 느낄 수 있으며 어깨가 지나치게 좁고 양 팔도 몸 앞쪽으로 표현하였기 때문에 경직된 자세를 보인다. 이처럼 신체 표현에서 세련되지 못하고 옷 주름도 형식적인 조각 수법을 보이고 있어 고려시대에 제작된 불상으로 추정된다.

승안사지 석조여래좌상

경남 함양군 수동면 우명리 산 10
경상남도 유형문화재 제33호
1972년 2월 12일 지정

승안사지 삼층석탑에서 20m 가량 떨어진 냇가 주위에 있는 불상이다. 『신증동국여지승람』에는 "승안사는 사암산에 있다."라고 기록되어 있으므로 적어도 16세기 중반까지는 절이 운영되고 있었다는 것을 알 수 있다. 그래서 석탑과 불상 주위에는 지금도 기와 조각과 토기 조각, 자기 조각 등이 흩어져 있다. 그러나 1799년(정조 23)에 간행한 『범우고(梵宇攷)』에는 이미 절이 없어졌다고 하여 그 사이 어느 시기에 폐사되었음을 짐작할 수 있다.

이 불상은 오른팔은 떨어져 나갔고 하체는 땅에 묻혀 있으며 머리도 신체에서 떨어진 것을 목 위에 얹어놓았다. 머리 부분은 지나치게 커서 신체와 비례가 맞지 않다. 양감이 제대로 표현되지 않은 평평한 얼굴에 눈두덩은 오목새김으로 움푹하게 새겼고 코는 크고 긴 삼각형의 형태이다. 긴 목에 삼도는 표현되어 있지 않다.

왼팔은 손목에서 떨어져 나갔지만 남아있는 팔의 위치로 보아서는 무릎 위에 놓여 항마인을 맺고 있었을 것을 추정된다. 대의는 우견편단의 형식으로 오른쪽 겨드랑이에서 가슴을 지나 왼쪽 어깨로 넘어가는 옷 주름은 선 새김에 가깝게 얕게 새겼다. 어깨 위에서 대의는 3단을 이루며 한 번 뒤집어서 표현하였다. 뒷면에도 옷 주름이 계단식으로 표현되어 있다.

가슴과 어깨에 약간의 양감을 느낄 수 있지만 좁은 어깨와 대체로 평평하고 납작한 신체 표현, 계단식의 옷 주름 처리, 형식적인 조각 기법 등으로 보아 고려시대 불상으로 짐작된다.

극락사지 석조여래입상

경남 함양군 서상면 옥산리 377
경상남도 유형문화재 제44호
1972년 2월 12일 지정

    이 불상은 1957년 부근 밭에서 발견되어 옛 극락사터로 추정되는 곳에 옮겨 모시고 있는데, 발견 당시에 이미 손상을 입은 상태였다. 극락사에 관해서는 『동국여지승람』에 '극락

암은 백운산에 있었는데 이제는 없다' 는 기록으로 보아 조선시대 초기까지는 존속하고 있었던 것으로 추정된다.

불상의 몸과 대좌를 하나의 돌로 만들었으며, 얼굴은 마멸되고 손도 떨어져 버렸으며, 목과 무릎도 깨어져 다시 붙이는 등 불상은 훼손이 심한 상태이다. 신체에 비해 얼굴은 큰 편이며 상대적으로 어깨는 좁다. 민머리에 육계가 큼직하게 솟아 있는데, 눈, 코, 입은 마멸되어 세부 표현을 알 수 없다. 코는 시멘트로 복원하였다. 허리는 유난히 잘록하며 양 팔이 몸에 달라붙어 있어 마치 돌기둥 같은 느낌을 준다. 양 어깨를 감싸고 있는 옷에는 가슴에서부터 다리부분까지 U자형의 주름을 촘촘하게 새기고 있어 신라 불상의 옷 주름을 연상하게 한다. 두 손은 원래 따로 만들어 끼워 넣은 듯한데 오른 팔의 팔목은 떨어져 나가 알 수 없고 왼 팔에는 왼 손을 끼워 넣을 수 있도록 구멍을 만들었다.

그러나 전체적으로 경직된 신체의 표현, 형식화된 옷 주름 등을 볼 때 통일신라시대의 불상 양식을 반영하여 고려시대에 만들어진 불상으로 추정된다.

용산사지 석조여래입상

경남 함양군 함양읍 운림리 289 보림사
경상남도 유형문화재 제318호
1997년 1월 30일 지정

    이 불상은 원래 옛 용산사 절터 근처에서 약 150년 전에 발견되어 민가에서 모시고 주변 사람들에게 미륵불로 신앙되어 왔던 불상이었다. 그런데 1990년 초에 함양읍 도시계획도로 건설로 불상을 모셨던 민가가 철거되게 되었으므로 지금의 위치인 보림사로 옮겨 봉안하게 되었다.

    불상의 높이는 2.4m이다. 민머리에 낮은 육계가 솟아있다. 얼굴은 타원형인데 특히 안면이 극심하게 훼손되어 이목구비를 파악하기 어렵다. 목에는 삼도가 새겨졌으나 목이 짧아 가슴께까지 그어져 있다.

    큰 얼굴에 비해 어깨는 매우 좁고 둥글며 법의는 통견의 옷차림을 하고 있다. 그런데 옷차림이 독특하다. 양 어깨에서 흘러내린 옷자락은 가슴 밑으로 길게 늘어져 배 앞에서 완만한 U자형 곡선으로 주름을 지으며 발목까지 흘러내렸다. 오른쪽 어깨에서 내려온 자락은 밖으로부터 속으로 넘어간 것으로 표현되있다. 이 옷자락 밑으로 오른손을 길게 내려뜨리고 있다. 오른손은 엄지는 표현하지 않고 중지와 약지를 구부렸는데 옷자락을 살짝 잡고 있는 모습이며, 왼손은 가슴 중앙에서 손가락을 펴고 있다.

    광배는 없으며 대좌는 불상의 몸과 한 돌로 소성하였다. 고의 자락 아래에는 양 발을 대좌 위에 돋을새김으로 표현하였

는데, 두 손과 마찬가지로 매우 크고 투박하여 신체의 균형을 잃었다.

전체적으로 불상은 돌을 평평하게 깎았으므로 양감이 제대로 표현되지 않았으며 측면의 옷 주름 표현도 매우 단순하고 형식적이며 그나마 뒷면은 조각하지 않았다. 대좌는 미륵전 마룻바닥에 가려 자세히 알 수는 없으나 드러난 부분만으로 보면 특별한 조각을 가하지는 않은 것 같다.

불상의 키에 비해 체구가 비대해보이고, 얼굴에 비해 신체가 왜소하며, 크고 투박한 손과 발의 표현 등으로 보아 고려시대에 제작된 불상으로 볼 수 있다.

대덕리 마애여래입상

경남 함양군 함양읍 대덕리 159-7
경상남도 유형문화재 제319호
1997년 1월 30일 지정

    이 마애여래입상은 '부처골'이라 불리는 함양읍 대덕리의 메아리골 바위 면에 조각된 불상이다. 이 불상 주변 환경으로 미루어 보아 이곳은 옛 절터로 추정되지만 그에 관한 기록은 남아 있지 않다.
    불상은 상림(上林) 북쪽의 야산에 있는 높이 4m의 화강암 바위에 오목새김 하였으며 높이는 1.8m이다. 불상은 바위의 동쪽 면에 새겨졌는데 전체적인 상태는 좋은 편이다.
    머리는 민머리의 형태이지만 이마 위의 머리카락은 물결처럼 구불거리게 표현하여 독특한 모습을 보여준다. 신체에 비해서 큰 얼굴은 둥근 편이지만 마멸되어 윤곽만을 파악할 수 있을 뿐이다. 목에는 삼도가 새겨져 있고 대의는 통견의 형식으로 표현하였는데, 어깨에서 가슴으로 흘러내리는 주름을 2~3줄의 사선으로 처리하였다. 그리고 가슴에서 무릎 위까지의 신체 정면에는 7단의 완만한 U자형 주름이 흘러내리고 있다. 신체의 측면에 늘어지는 대의 자락의 양끝을 밖으로 약간 뻗어나가게 표현하여 삼국시대 초기 불입상의 옷 주름 처리 기법을 연상시킨다. 군의 밑으로는 두 발이 드러나 있는데, 발을 앞으로 나란히 표현하지 않고 양쪽으로 벌리고 서 있는 점 또한 특이하다. 수인은 양손을 가슴 앞에서 설법인을 맺고 있는 것으로 짐작되지만 확실하지는 않다.

광배는 몸 광배는 없고 아무런 문양이 없는 이중의 둥근 머리 광배만 갖추어 광배의 표현은 단순하다. 또한 불상의 대좌는 7잎으로 이루어진 위로 향한 연꽃을 조각한 대좌로서 소박하지만 생동감 있게 표현하였다.

선각 기법이 섬세하고 세련된 편은 아니지만 신체의 비례가 원만하고 균형미가 있으며 전체적으로 단정하고 근엄한 인상을 풍기고 있어, 통일신라 말이나 신라의 조각 전통을 반영하고 있는 고려 초기의 불상으로 추정된다.

용추사 지장시왕상

경남 함양군 안의면 상원리 962
경상남도 유형문화재 제380호
2002년 10월 24일 지정

    용추사 지장시왕상은 명부전에 모셔져 있는 지장보살을 중심으로 하여 왼쪽에 도명존자와 오른쪽에 무독귀왕, 그리고 그 좌우에 시왕상 등 모두 13구의 불상들을 가리킨다.
    지장보살상은 높이가 1.6m이며 등을 세우고 얼굴을 약간 앞으로 내민 상태로 결가부좌를 하고 있는 모습이다. 양 손은

따로 만들어 끼웠는데, 왼손은 손바닥을 위로 향하여 엄지와 중지를 맞대어 무릎 위에 올렸으며, 오른손도 같은 손 모습으로 무릎 위에 올려놓았다.

머리는 두건을 쓰지 않은 민머리이며 목은 짧고 어깨는 넓은 편이다. 발달된 상체에 비해서는 하체가 다소 빈약해 보인다. 얼굴은 네모난 모양이며 눈은 가늘고 콧등은 오뚝하다. 목에는 삼도를 얕게 새겼다.

대의는 오른쪽 어깨를 가린 반단 형식이며 대의 아래에는 편삼을 입은 이중의 옷차림을 보인다. 대의는 어깨에서 계단식의 주름을 이루면서 흘러내리며, U자형으로 벌어진 대의 사이로 가슴 아래에는 꽃잎 모양으로 주름을 잡은 군의를 새겼다. 군의 자락은 결가부좌한 양 다리에서부터 부채꼴 모양으로 벌어지듯 표현하였다. 옷 주름의 곡선은 부드럽지만 정면에서 좌우대칭으로 표현하여 근엄한 인상과 함께 단순하고 형식적인 조각기법을 보여준다.

좌협시인 도명존자는 민머리에 왼손에 석장(錫杖)을 쥐고 서 있으며, 그 위에 대각선의 가사와 장삼을 걸쳤다. 우협시인 무독귀왕은 머리에 용머리로 장식된 금잠(金簪)이 있는 화려한 원유관을 쓰고, 옷차림은 붉은색 포(袍)를 걸치고 가슴 부위에서부터 길게 수(綬)를 늘어뜨리고 서 있다.

지장 삼존 좌우에 앉아 있는 시왕상들은 등받이와 팔걸이, 족대가 있는 의자에 앉아서 정면을 향한 자세를 취하고 있다. 표현기법은 거의 유사하지만 머리에는 꽃·동물·원추형을 장식한 관을 쓰고 관복 형태의 포를 걸친 모습으로, 손에는 홀을 들거나, 수염을 만지거나, 경서를 들고 있는 등 세부 묘사에서는 다양한 자세를 보이고 있다. 발 모습도 대부분 두 다리를 가지런히 족대 위에 올리고 있으나 코끼리를 밟고 있거나 반가사유의 자세처럼 왼쪽 다리를 내리고 그 무릎 위에 오른쪽 다리를 얹기도 하고 한쪽 발을 살짝 들고 있기도 하다. 의자는 각각 조립하여 완성하였는데 등받이 양측에 용머리장식이 있고 손잡이 양측에는 봉황머리를 장식하였다.

용추사 목조지장 시왕상은 복장기에 의하면 강희 33년, 즉 1694년 숙종 20에 조성된 작품으로 작가의 개성이 잘 나타나 있으며, 시왕상의 의관이나 의자의 용머리와 봉황머리 장식 등 매우 화려한 장식이 가미된 작품으로 조선 후기의 지장시왕상 연구에 좋은 자료가 된다.

안국사 목조아미타여래좌상

경남 함양군 마천면 가흥리 1131
경상남도 유형문화재 제444호
2006년 7월 20일 지정

    이 불상은 안국사 극락전 중앙 불단 위에 봉안되어 있는 삼존불 가운데 주존불이다. 2004년에 개금하여 보존상태는 양호한 편이다. 개금 당시 불상 바닥의 복장공을 개봉하였으나 복장물은 이미 도난당해 유물은 남아있지 않았다. 복장공은 가로 17㎝, 세로 9㎝의 크기인데 현재는 한지로 발라두었다.

    불상의 세부적인 모습을 살펴보면 상체를 세우고 머리는 약간 앞으로 숙였으며 결가부좌의 자세로 앉아 있다. 신체에 비해서 얼굴은 큰 편이며 어깨는 둥글고 넓게 표현하였다. 불상의 전체 높이는 100.5㎝이며 무릎 폭은 67㎝로 안정감 있는 자세와 균형미를 갖추고 있다.

    머리카락은 나발로 표현하였으며 육계는 머리와 구별하기 어렵다. 육계의 아래에는 반달 모양의 중앙계주가 있고 정수리에는 원통 모양의 정상계주가 표현되어 있다. 얼굴은 방형에 가깝고 턱은 둥글며 전체적으로 살이 올라있다. 눈과 눈썹은 적당한 크기이며 코와 입도 균형을 이루고 있다. 입가에는 미소를 표현하여 부드럽고 자비로운 느낌을 준다. 삼도는 목에 새기지 않고 쇄골 정도의 위치에서 얇게 표현하여 독특한 모습을 보여준다.

    대의는 변형된 통견의 형식으로 오른쪽 어깨에 편삼을 걸치고 그 위에 대의를 걸쳤다. 대의는 오른쪽 어깨에 걸쳐서

흘러내리고 그 자락은 배 앞으로 돌려 왼쪽 어깨 뒤로 길게 늘어뜨렸다. 오른쪽 어깨의 대의 주름 중 하나를 깃처럼 따로 표현하여 시선을 끄는 점은 이 불상 옷차림의 특징이라 할 만하다.

대의 아래 입은 편삼은 직선으로 내려와 대의 속으로 집어넣었는데 배 앞으로 늘어진 반원형의 편삼과 대의자락의 주름을 대칭되게 표현한 것은 17세기 후반 이후의 불상 조각에서 흔히 표현되는 특징이다.

가슴 아래 수평으로 표현된 군의 상단은 띠로 묶고 한 단 접은 형태로 표현하였는데 조선 후기 불상에서 흔히 보이는 꽃잎 모양으로 주름을 잡은 형태와는 차이를 보여준다. 양 다리를 덮은 군의자락은 가운데 안쪽 한 주름을 가장 넓게 펼쳐지도록 하였으며 나머지는 서너 개의 주름으로 나누어 물결모양으로 접혀 있다.

불상의 수인은 양 손을 무릎 위에서 살짝 들어서 오른손은 손등을 위로 하고, 왼손은 손바닥을 위로 하여 엄지와 중지를 맞댄 모양으로 아미타구품인 가운데 하품중생인을 표현하였다.

복장물을 잃어버려 이 불상의 조성연대를 정확히 알 수 없지만, 안정감을 보이는 조형감이나 세련된 조각기법, 온화하고 자비로운 인상의 얼굴 표현 등을 보면 조선 후기 뛰어난 조각가의 작품임을 느끼게 한다.

상연대 목조관음보살좌상

경남 함양군 백전면 백운리 78-1
경상남도 유형문화재 제456호
2008년 1월 10일 지정

상연대 목조관음보살좌상은 높이 39.5cm의 소형불상으로 허리를 세우고 어깨로부터 앞으로 살짝 숙인 자세를 취하고 있다. 하반신에 비해 상반신이 긴 편이며, 무릎도 낮고 머리도 작은 편이다.

보관 아래의 머리카락은 가닥을 나누어 세밀하게 표현하였으며, 얼굴의 측면으로 내린 한 가닥의 보발은 귀걸이를 단 귓불 위로 지나고, 귀의 뒷면에서 내린 한 가닥의 머리카락과 어깨에서 모여 두 개의 고리 모양으로 만들고 다시 각각 가닥을 나뉘어 팔꿈치까지 흘러내린다.

살이 오른 방형의 얼굴은 이마가 넓고 눈, 코, 입은 얼굴의 가운데로 모여 있는 듯하지만 전체적으로는 균형을 이루고 있다. 목에는 삼도가 있고 얼굴에 비해 좁은 어깨는 둥글게 표현하였다.

보살상이 입고 있는 대의는 변형된 통견의 형식으로 오른쪽 어깨를 덮은 대의자락이 짧게 늘어지면서 그 끝단은 삼각형으로 주름을 짓고 있으며, 왼쪽 어깨의 대의는 팔꿈치까지 흘러내렸다. 오른쪽 어깨의 대의 아래 입은 편삼은 가슴에서 수직으로 내려와 배 앞에서 사선으로 내려와 대의 속으로 정리하였다. 가슴 아래에서 수평으로 표현된 군의 상단은 띠로 묶고 그 위를 사선으로 접었다. 결가부좌한 다리는 오른발만

드러나 있고 양다리 사이의 군의는 발목에서 곡선을 이루면서 내려와 양측으로 두 개의 주름으로 정리되었다.

  수인은 아미타구품인 가운데 하품중생인으로 엄지와 중지를 둥글게 맞댄 채 오른손은 가슴까지 올려서 정병을 걸어놓

앉고 왼손은 무릎 위에 올려놓았다.

  이 보살상에 있던 복장기를 보면, 1612년광해군 4 수화승 현진(玄眞)의 지휘 아래 학문, 명은, 의능, 태훈 등의 금어(金魚)가 조성에 참여하였고, 1677년숙종 3에 중수하였음을 확인할 수 있다. 조선 후기 제작된 보살좌상으로 크기는 작지만 조각 기법은 우수한 작품이다.

백운암 목조아미타여래좌상

경남 함양군 백전면 백운리 산 51-5
경상남도 유형문화재 제498호
2010년 3월 11일 지정

이 불상은 백운암의 주불전에 모셔진 아미타여래좌상이다. 불상은 등을 세우고 머리는 약간 앞으로 숙여서 결가부좌의 자세로 앉아 있다. 머리카락은 나발의 형식인데 육계와 머리는 구별하기 어렵다. 육계 아래에는 반달 모양의 중앙계주가 있고 정수리에는 비교적 높은 원통 모양의 정상계주를 표현하였다.

불상의 얼굴은 방형에 가까우며 턱 선도 각이 진 모습이다. 눈은 수평으로 새기고 눈썹은 반원형으로 그었는데 얼굴 크기에 비해 긴 편이다. 백호를 이마 중앙에 돋을새김으로 표현하였으며 콧날은 오뚝하고 입가에는 옅은 미소를 표현하였다. 목은 짧은 편으로 아래쪽에 삼도가 새겨져 있다.

대의는 변형된 통견 형식이다. 오른쪽 어깨의 대의는 3단의 계단식으로 주름을 표현하였으며 끝단은 곡선을 크게 그리며 휘어져 흘러내린다. 대의 아래 편삼은 가슴 앞에서 수직으로 흘러내려 배 아래에서 대의자락 속으로 집어넣어 정리하였다.

가슴 아래에 새겨진 군의의 상단은 띠로 묶고 옷자락을 꽃잎처럼 오므린 주름으로 새겼다. 양 무릎을 덮은 군의자락은 각각 3단의 돋을새김 선으로 새기고 무릎 앞에서 물결처럼 일렁이는 주름으로 표현하였다.

수인은 양 손을 무릎 위에 올려놓고 손바닥을 위로 하여 엄

지와 중지를 맞댄 아미타구품인의 하품중생인을 취하고 있다.

이 불상은 복장 유물 발견을 통하여 불상의 제작연대와 제작자, 참여자들을 파악할 수 있을 뿐 아니라 당대의 불상 제작의 최고 조각가들의 계보를 확인할 수 있어 문화재적 가치 외에도 학술적 가치와 당대 불교미술을 이해하는 데 중요한 자료로 평가받고 있다.

즉 이 불상은 1674년 현종 15 5월에 조성한 것으로 조선 중기

최고의 불교 예술가였던 승일의 문하생인 성조를 중심으로 김천 고방사의 목조아미타불상 등을 조성한 자유과 사원, 양산의 원효암 석조약사여래좌상을 조성한 학청, 고창 선운사 목조삼존불좌상과 영광 불갑사 삼세여래좌상 등을 제작한 성수, 보은 법주사 소조삼신불좌상과 경주 불국사의 극락전 후불탱을 제작한 설매 등 당대의 최고 작가들이 참여한 사실을 복장유물의 발원문을 통해 확인하였다.

또한 이 불상을 제작하고자 시주에 참여한 조사복, 이강산, 곽자안 부부를 비롯해 인근 주민들로 추정되는 민간인들과 승려 의홍, 학정 등 200명이 불상제작비를 제공한 것으로 파악되었다.

원래 이 불상은 지금은 폐사된 함양군 백전면 영은사에 안치되어 있었으나 절이 폐사되면서 그 부속암자였던 백운암으로 옮겨 안치된 것으로 확인되었다.

따라서 이 불상은 17세기 후반의 양식적 특징을 갖춘 목조불상으로서 조선 후기 불교조각사 연구에 자료적 가치가 매우 높은 작품이다.

안국사 목조관음보살좌상

경남 함양군 마천면 가흥리 1131
경상남도 문화재자료 제429호
2008년 1월10일 지정

    이 목조관음보살좌상은 안국사 극락전에 봉안되어 있는 삼존불상 가운데 본존불의 왼쪽 편에 봉안되어 있는 보살상이다. 오른쪽 편에 있던 대세지보살상은 6.25 전쟁 이후 대구 통천사로 옮겨갔다고 한다.

    이 보살상은 전반적인 보존상태는 양호한 편이지만 보관은 훼손되어 최근에 새로 조성하였다. 2004년 개금불사를 할 당시에 불상 바닥의 복장공을 개봉하였는데 내부는 비어있었다고 한다. 복장공의 크기는 가로 14.3㎝, 세로 8.4㎝이다.

    보살상의 높이는 88㎝로 본존불인 아미타여래좌상보다는 규모가 작지만 나머지 조각수법은 같다. 허리를 세우고 머리를 앞으로 숙인 자세이며 보관이 씌워진 머리는 높이 솟아 있고, 정수리에서 머리를 모아 묶어 올린 보계는 아래를 원형의 장식물로 묶고 그 위쪽을 살짝 갈라놓았다. 보관 아래 일정한 간격으로 나눈 머리가닥은 섬세하게 오목새김의 선으로 모발을 표현하였으며, 귀 앞으로 내려온 두 가닥의 머리카락은 귓불을 지나 어깨에 흘러내리고, 귀 뒤에서도 한 가닥이 흘러내려 어깨 위에서 합쳐져서 3중의 원형을 이루고 다시 세 가닥으로 나누어져 흘러내린다.

    새로 조성한 보관은 중앙에 아미타불의 화불을 새기고 꽃, 구름, 화염보주 등의 문양을 화려하게 장식한 모습으로 조선

시대 보관의 형식을 계승하였다.

살이 오른 방형의 얼굴에 턱은 둥글게 표현하였다. 눈은 수평으로 새겼고 원통형의 코는 곧고 높으며 입가에는 미소를 띠고 있다. 본존불과 마찬가지로 삼도는 목에 새기지 않고 쇄골 부분에 표현하였다.

수인은 아미타구품인 가운데 하품중생인인데 팔의 위치가 반대이며, 양 손은 엄지와 중지를 둥글게 맞대어 왼손은 가슴 위로 올리고 오른손은 손바닥을 위로 하여 무릎 위로 살짝 들어서 양 손으로 연꽃가지를 받들고 있다.

대의는 변형된 통견형식으로 오른쪽 어깨에 편삼을 걸치고 그 위에 대의를 표현하였다. 대의는 오른쪽 어깨를 걸쳐서 흘러내리고 안쪽 주름 하나를 깃처럼 강조하였다. 어깨를 덮은 대의는 겨드랑이에서 배 앞으로 돌려 왼쪽 어깨 뒤로 길게 늘어뜨렸다. 편삼은 가슴 앞에서 직선으로 내려와 대의 속으로 집어넣었는데 배 앞으로 늘어진 반원형의 편삼과 대의자락의 주름은 대칭을 이루는 모습으로 주로 17세기 후반 이후에 흔히 보이는 형식화된 옷 주름 표현기법이다. 가슴 아래 수평으로 표현한 군의 상단은 띠로 묶고 군의 자락을 길게 내어 대각선으로 접었다. 양 나리 사이의 군의자락은 아래로 펼쳐지듯 흘러내렸는데 가장 안쪽 자락의 끝단은 약간 짧게 늘어지고 나머지 단은 물결 모양으로 접혀 있다.

이 보살상은 대체로 본존 아미타여래좌상의 조각수법과 동일하지만 군의의 끝단 처리와 수인 등에서 표현 방식의 차이를 보이고 있다. 또한 높이 솟은 머리와 실제 머리처럼 묶어 올린 보계는 조각가의 독창성을 보여주고 있다. 이와 유사한 특징의 불상들이 부산이나 전라도 지역에서 조사된 자료가 있으므로 조각승의 계보나 유파를 파악할 수 있는 좋은 자료이다.

17
합천의 불상

치인리 마애여래입상
해인사 석조여래입상
청량사 석조여래좌상
해인사 건칠희랑대사상
해인사 대적광전 비로자나불삼존상
해인사 법보전 비로자나불좌상
대동사지 석조여래좌상
죽고리 삼존석불

치인리 마애여래입상

경상남도 합천군 가야면 치인리 산1-1
보물 제222호
1963년 1월 21일 지정

가야산 정상인 상왕봉으로 올라가는 길은 해인사에서 토심골과 극락골이라는 두 갈래 골짜기를 지나갈 수 있다. 토심골 길은 계곡을 오른편에 두고 곧장 올라가는 길이고 극락골 길은 계곡을 사이에 두고 그 반대쪽에 있는 길인데 정상까지의 시간은 거의 비슷하다.

가야산 중턱에 있는 치인리 마애여래입상은 극락골 길을 따라 가면 길 옆 언덕 위에 큰 바위에 새겨져 있다. 그러나 현재 극락골 길은 해인사 장경판전 및 팔만대장경판의 보존과 절의 식수원 보호를 위해 폐쇄하였기 때문에 불상을 보기 위해서는 토심골 길로 올라가다가 오른쪽으로 방향을 틀어 골짜기를 내려가야 한다.

이 마애불은 계곡을 지나 약간 높은 언덕을 오르면 만날 수 있다. 거대한 바위 면에 머리 광배와 부처의 몸을 높은 돋을새김으로 조각한 불상으로서 불상의 전체 높이는 7.5m이다. 머리 뒤에는 둥근 모양의 머리 광배를 얕게 새기고 나머지 바위 면에는 아무런 조각을 하지 않고도 자연스럽게 몸 광배를 나타내고 있다.

머리는 민머리인데 머리 위에는 크고 높은 육계를 표현하였다. 얼굴은 살이 오른 모습인데, 눈 꼬리가 약간 치켜 올라가 있고 인중과 입은 윤곽이 뚜렷하다. 이 불상은 이마가 좁

아 보이고 눈매의 조각이 예리하여 더욱 근엄한 인상을 준다.

넓고 각 진 어깨에는 두꺼운 통견의 법의를 걸쳤는데 왼쪽 어깨 위에는 마무리되어 매듭진 고리장식이 남아 있고, 가슴 위로는 내의와 띠 매듭이 보인다. 옷 주름은 가슴 앞에서 U자형을 이루면서 일정한 간격으로 발밑까지 내려와 있다. 오른손은 어깨 위로 들어올려 손바닥을 밖으로 향하면서 엄지와 중지를 맞대었으며, 왼손은 가슴 앞에서 손등을 보이고 있는데 특히 손가락을 길고 유려한 곡선으로 섬세하게 처리하여 육중한 부처의 몸과는 대조적인 느낌을 준다. 발아래 대좌를 마련하였고 발은 몸과 분리하여 조각하였는데 현재는 몸에서 떨어져 있다.

이 마애불상은 각 부분의 표현이 힘 있고 당당하면서도 세부 수법에서는 세련된 면을 보인다. 그러나 통견의 옷 주름을 표현하면서 부분적으로 선 새김의 기법으로 새겼으므로 대체로 9세기 무렵에 제작된 불상으로 추정하고 있다.

해인사 석조여래입상

경상남도 합천군 가야면 치인리 산1-1
보물 제264호
1963년 1월 21일 지정

해인사 석조여래입상은 이 문화재의 명칭에 대해서 한 번쯤은 고개를 갸웃거리게 하는 문화유산이다. 사전 조사 없이 이 불상을 보러 해인사를 찾은 사람은 해인사 경내 어디를 둘러보아도 불상을 발견할 수가 없다. 분명히 불상의 이름은 해인사 석조여래입상인데 말이다.

답답한 마음에 절집 사람들에게 이 불상의 위치를 물어보기라도 한다면 그야말로 경악을 금치 못할 것이다. 왜냐하면 이 불상이 해인사 본 절과는 아주 많이 떨어진, 가야산 꼭대기에서 멀지 않은 해발 약 1,300m 쯤에 위치하고 있다는 것 때문이다. 그나마 가야산이 아주 험한 산이 아니라는 점에 위안을 삼는 편이 좋을 것이다. 해인사 본 절에서 천천히 걸어서 2시간 정도면 이 불상을 만날 수 있다. 그렇지만 산을 올라가면서도 이 불상의 명칭에 대한 의문은 계속 머리를 맴돌 것이다.

원래 이 불상이 있던 곳은 절터였다. 불상이 서 있는 곳은 약 50평 정도의 평평한 땅인데 주변에는 기와편과 토기편이 흩어져 있다. 이곳을 가야산 칠불암지로 추정하고 있다. 그렇다면 이 불상의 명칭도 합천 칠불암지 석조여래입상이라든가, 칠불암의 위치가 아직 명확하지 않다면 합천 가야산 석조여래입상이라고 붙였으면 더 나을 뻔했다.

화강암으로 조성된 이 불상은 높이가 약 2.1m인데, 불상의 상태는 그다지 양호하지 않다. 대좌도 남아 있지 않고, 광배도 없으며, 발도 없어졌다. 목과 무릎 부분이 떨어진 것을 다시 붙였고, 어깨와 두 팔도 모두 부분적으로 깨어졌다.

불상은 민머리이며 머리 위에는 비교적 작은 육계가 있다. 얼굴은 이마가 좁고 갸름한 편이다. 양 눈썹의 윤곽은 뚜렷이 남아 있지만 눈, 코, 입은 거의 마멸되었는데 전체적인 모습은 온화한 인상을 느낄 수 있다.

머리에 비해서 다소 작은 신체는 몸의 굴곡이 전혀 없어 양감을 나타내지는 못했고 마치 돌기둥과 같이 평면적인 느낌을 주고 있다. 측면에서 이 불상을 보면 더욱더 그런 느낌이 들 것이다. 수인은 오른손을 가슴 앞에서 들어 시무외인을 표현하였고, 왼손은 아래로 내렸는데 약지와 소지를 구부린 여원인을 표현하였다. 그런데 제대로 된 여원인은 몸의 정면에 표현하는 것이 맞는데, 이 불상은 독특하게도 몸의 측면에 표현하고 있다. 그래서 이 불상을 제대로 관찰하지 않으면 왼손이 여원인을 취한 것이라는 점을 모르고 그냥 몸에 붙인 채로 팔을 내린 것으로 생각할 수 있다. 좁고 각이 진 어깨에 걸친 통견의 법의는 V자로 옷 주름을 표현하다가 허리 근처에서 U자형으로 바뀌어 양 다리로 갈라져 흐르고 있다.

이 불상은 시무외 여원인의 수인으로 보아 석가모니불로 추정된다. 불상의 양식은 양감이 거의 없고 갸름한 얼굴에 비해서 입을 매우 작게 새기는 등 신체의 각 부분을 사실감 없이 형식적으로 표현하고 있으며, 신체에 비해 머리가 훨씬 커서 신체의 비례 또한 충실하지 않다. 옷 주름도 두꺼워 보이는 법의에 아주 얕게 돋을새김 하여 이전 시기 불상에 보이던 높은 돋을새김의 옷 주름 표현과는 차이가 있다. 이러한 양식 특징으로 볼 때 이 불상은 통일신라 후기에 제작된 것으로 추정된다.

청량사 석조여래좌상

경상남도 합천군 가야면 황산리 973
보물 제265호
1963년 1월 21일 지정

청량사에서 제일 중요하고 큰 건물은 역시 부처님을 모시고 있는 대웅전이다. 그렇지만 해인사 대적광전처럼 거대한 위용을 자랑하지는 않는, 정면 3칸, 측면 3칸의 비교적 아담한 대웅전 건물이다.

건물의 규모는 그다지 크지 않지만 이 건물의 외관은 화려하기 그지없다. 대웅전 건물의 정면에는 벽체 대신 각 칸마다 네 짝의 분합문(分閤門)을 마련하였는데, 문마다 화려한 꽃무늬 문살로 꾸며져 있는 꽃살문이다. 이 건물을 만든 장인은 비록 이름은 전하지 않지만 대단한 실력을 가진 목수였을 것으로 짐작된다.

문짝뿐만 아니라 상인방, 창방, 평방, 공포, 부연, 서까래, 추녀 등 눈에 보이는 각각의 부재들을 장식하고 있는 단청도 색채나 구도가 어느 건물에 비해서도 뒤지지 않는 화려함을 뽐내며, 정면 어칸의 양쪽 기둥을 뚫고 나온 용머리의 조각 또한 매우 우수하다.

청량사 석조여래좌상은 이렇게 장엄하고 화려한 건물 안에 모셔져 있다. 이 불상도 건물의 아름다움 못지않게 사실적이면서도 우수한 조각기법을 보여주고 있어 1963년 1월 21일 보물 제265호로 지정되었다.

이 불상은 높이가 210㎝이므로 앉아 있는 불상으로서는 꽤

큰 불상이라 할 수 있다. 불신과 광배, 대좌를 모두 갖추고 있는 완전한 석불이다. 불상의 명칭을 짐작할 수 있는 수인은 항마촉지인이고, 법의는 우견편단 형식으로 자세와 옷차림 모두 통일신라시대를 대표하는 석굴암 본존여래상과 같다.

이 불상을 좀더 자세히 살펴보면 상투를 신비스럽게 표현한 불상의 육계는 낮고 넓게 표현하였고, 머리카락은 소라껍질처럼 말려 있는 곱슬머리를 표현한 나발인데 매우 정연하고 촘촘하게 표현하였다.

목에는 통일신라시대 불상에서 유행하였던 삼도를 새겼다. 다리는 왼쪽다리 위에 오른쪽다리를 포갠 결가부좌의 자세로 두 발은 모두 노출시켰으며, 우견편단의 옷 주름은 얇게 빚은 듯한 평행계단식 조각으로 매우 간결하게 표현하였다.

이 불상의 대좌는 통일신라시대의 일반적인 불상 대좌와 차이점을 보이고 있다. 즉 이 불상의 대좌는 8각형이 대세였던 대좌 형식을 따르지 않고 4각형의 형태를 갖추고 있다. 대좌의 중대석에는 각 면마다 연화좌에 앉아 있는 다양한 모습의 보살상이 2구씩 돋을새김으로 조각되어 있으며, 하대석의 상부에는 역시 각 면마다 안상이 있고 그 밑에 겹잎의 연꽃문양이 아래로 깔린 모습으로 새겨져 있다. 그 아래에는 중대석과 마찬가지로 한 면에 2구의 팔부신중상이 새겨졌는데, 영암사지 금당터 불상대좌 지대석 뒤편에 조각되어 있는 신장상과 유사한 모습이지만 자세나 띠 자락의 표현에서 다소 딱딱한 느낌이 든다.

불상의 광배는 배 모양의 거신광으로 전체적으로 매우 화려한 무늬가 새겨져 있는데, 불상의 머리 뒤에는 둥근 머리 광배를 표현하였으며, 바깥부분은 불꽃무늬를 배경으로 광배 꼭대기에 화불이 있고 아래쪽 양쪽 모서리에는 비천상이 생동감 있게 묘사되어 있다.

 이 불상은 신체를 표현할 때 양감을 강조하여 풍만하고 탄력성이 느껴지며, 안정된 신체 비율을 지니고 있는 사실적인 조각기법을 보이고 있다. 대체로 860년대에 제작된 불상들과 비교할 만한 형식이며, 대좌의 형식도 방형대좌인 것으로 보아서 9세기 중·후반의 양식을 반영하고 있는 불상으로 생각된다.

해인사 건칠희랑대사상

경상남도 합천군 가야면 치인리 10 해인사
보물 제999호
1980년 4월 10일 지정

    2010년 해인사 개산대제 기간에 특별한 전시회가 열렸다. 바로 해인사 성보박물관에 보관되어 있던 보물 제999호로 지정된 희랑대사상을 구광루에서 전시하는 행사였다. 이 전시회가 특별하였던 이유는 희랑대사상 진품과 복원품을 동시에 전시한다는 점과 일반인들을 위한 진품의 마지막 공개 전시회라는 점이었다.

    희랑대사상은 해인사 조사(祖師)였던 희랑대사의 진영상(眞影像)으로 고려 초에 제작된 것으로 추정하고 있다. 이 상은 우리나라에서 지금까지 남아있는 유일한 나무로 만든 진영이자 가장 이른 시기의 목조 불교조각이라고 알려졌다.

    오랜 세월이 지나면서 군데군데 파손이 되고, 촛농이 묻고 긁힌 흔적도 있어 2008년 9월부터 2009년 2월까지 보존처리를 하였다. 그리고 앞으로 잘 보존하기 위하여 상설 전시도 하지 않고 더더구나 다른 박물관이 특별 전시를 목적으로 하여 대여 요청을 하는 것도 허가하지 않기로 하였다. 그렇지만 이 상이 해인사를 찾는 많은 관람객들에게 팔만대장경 다음으로 인기가 있었기 때문에 관람객들이나 신도들의 요구에 부응하여 복원품을 전시하기로 하였다.

    우리나라 불교미술에서 이처럼 중요한 희랑대사상의 모델이 된 희랑대사는 과연 어떤 사람이었까? 희랑대사는 신라와

고려 두 왕조에 걸쳐 살았던 스님이지만 그 분의 생애에 대해서는 명확한 기록이 전하지 않다. 다만 희랑대사의 사상에 영향을 받았던 고려 초기 화엄종의 대가 균여대사917~973의 『균여전』에 희랑대사에 대한 기록이 남아 있다.

그 내용을 살펴보면 다음과 같다.

"스님은 북악의 법손이다. 옛날 신라 말 가야산 해인사에 두 분의 화엄종의 종사(宗師)가 계셨다. 한 분은 관혜(觀惠) 스님인데 후백제 견훤의 후원을 받았고, 한 분은 희랑 스님인데 고려 태조의 후원을 받았다. 이 두 사람은 신심으로 향화를 올리며 서원을 맺었으나 서원이 이미 달라져 서로 주장이 다르게 되었다. 문도들에 이르면서 점차 물과 불처럼 되었다. 더구나 법의 의미를 다르게 받아 그 폐단을 없애기 어렵게 되었다. 그때 세상 사람들은 관혜 스님의 법문을 일컬어 남악(南岳)이라 하고, 희랑 스님의 법문을 북악(北岳)이라 일컬었다. 스님은 언제나 남악과 북악의 근본 취지가 서로 모순됨을 탄식하여 많은 갈래를 막아 하나로 돌아가기를 희망하였다."

이 기록에서 신라 말에 해인사에는 같은 화엄종의 승려이지만 지향하는 바가 다른 두 분의 스님이 함께 거처했다는 것을 알 수 있으며, 이 중에 희랑 스님이 태조를 도와 고려 건국에 기여했다는 것도 알 수 있다. 이 기록에 보이는 '남악'은 지리산을 가리키며 이 산의 대표적인 화엄종 사찰은 화엄사가 있다. 또 '북악'은 소백산을 가리키며 화엄종의 최초 사찰인 부석사가 있다.

희랑대사가 고려 태조 왕건을 도왔다는 내용이 「가야산해인사고적」에 전하고 있다. 이 기록을 살펴보면 고려 태조가 후백제의 왕자인 월광과 지금의 야로면에 있는 미숭산에서 싸울 때 힘이 부족하여 해인사에 있는 희랑대사에게 찾아가 원조를 청하니 대사가 화엄신중(華嚴神衆)을 보내어 돕자 적이 두려워하여 항복했다고 한다. 태조는 이에 대한 보답으로 해인사에 500결의 토지를 바쳐 해인사를 크게 중건하였다고 한다.

이처럼 희랑대사는 신라에서 고려로 왕조가 넘어가는 과도기에 해인사에 주석하면서 정세의 흐름을 잘 판단하여 해인사를 중흥시킨 스님이었다.

조선 후기 실학자였던 이덕무 1741~1793 선생이 쓴 「가야산기」에 따르면 해인사를 여행하면서 희랑대사상에 대해 기록한 글이 남아있다.

"불당 북쪽 벽 아래에는 나무로 조각해 만든 신라 말 희랑선사의 상을 모셔놓았는데, 얼굴과 손을 모두 까맣게 칠하였고 힘줄과 뼈가 울퉁불퉁 나왔으며 옷섶을 헤쳐 가슴을 드러냈는데 양쪽 유방 사이에 앵두가 들어갈 만한 구멍이 있으니 아마도 그가 생존 시에 가슴부분에 쑥 뜸한 흉터를 형상한 것이거나 어쩌면 조각한지가 오래되어 썩고 좀먹어 구멍이 생긴 것이라 생각된다."

이 기록을 보면 이덕무 선생은 희랑대사상을 자세히 관찰했던 것 같다. 그 분이 보기에 얼굴과 손이 모두 까맣다고 한 것은 이 부분에 따로 채색을 하지 않고 옻칠을 한 상태 그대로 두었다는 의미이다. 지금 희랑대사상은 피부 색깔과 비슷한 색조로 채색되어 있다. 그렇다면 이 상은 18세기 이후에 채색을 한 것으로 생각된다.

또 선생이 보았던 앞가슴의 구멍은 지금도 희랑대사상에 남아있다. 이 구멍을 절에서 전하기로는 흉혈국인(胸穴國人)이라고 한다. 희랑대사는 앞가슴에 구멍이 나 있었다고 한다. 구멍이 생긴 이유는 여름에 모기가 극성을 부려 스님들의 수행에 지장을 받자 희랑 스님이 자기 가슴에 구멍을 뚫어 모기들에게 피를 보시하여 스님들이 편안히 정진할 수 있었다는 설화가 전하며, 대사가 화엄삼매에 들었을 때 몸에서 빛이 나왔던(放光) 자취였다는 구전도 있다.

최근까지도 희랑대사상은 목조 상으로 알려져 왔다. 그런데 보존처리 과정에서 이 조각상의 정체가 밝혀지게 되었다. 이 상은 단순한 목조 상이 아니었다. 이 조각상은 조각한 나무 위에 옻칠에 적신 삼베를 입히는 목심건칠(木心乾漆) 기법으로 제작한 상이었다. 원래 건칠기법은 목심건칠 기법 외에 탈활건칠(脫活乾漆)기법도 있다. 진흙으로 거칠게 모양을 만들어 그 표면에 칠을 적신 삼베를 덮은 뒤 진흙을 걷어내 속이 비게 만드는 방법이다. 건칠 기법은 점토 대신에 좀더 유연한 칠을 사용하기 때문에 작가가 자유롭게 상을 만들 수 있다. 내면적인 표정의 변화나 심한 신체의 굴곡, 복잡한 옷자락, 날렵한 천의에 이르기까지 정교하고 복잡한 조각이 가능하다.

희랑대사상은 이러한 건칠기법을 이용하여 대사의 정신세계를 형상화한 사실적 표현을 보이고 있다. 현재 표면은 장삼과 가사 등이 아름다운 채색을 가미하여 사실적으로 그려져 있는데 처음 만들 당시의 모습인지는 알 수 없다.

이마에 깊게 패인 주름살, 인자한 눈매와 오똑한 콧날, 살짝 다문 엷은 입술, 튀어나온 광대뼈, 다소 긴 얼굴과 여윈 몸매 등 당시의 어떤 조각품과도 비교할 수 없을 만큼 초상 조각 특유의 사실성이 돋보인다. 양손을 맞잡고 가만히 앉아 정면을 바라보는 정적인 모습과 인자하면서도 단정한 얼굴에는 노스님의 깊은 학식과 경륜이 묻어나고 있다. 왼쪽 어깨는 단정하게 묶은 가사 끈 아래로 나팔 모양으로 드리워진 옷자락 표현은 당시의 불상에서도 흔히 나타나는 표현이다.

　신라 말의 대학자 최치원 선생은 '증희랑화상(贈希朗和尙)'이라는 시를 지어 희랑대사를 추앙하였다. 희랑대사를 문수보살이나 유명한 인도의 용수보살에 비견할 만큼 높이 평가하였으며, 불법을 빛내고 하늘의 뜻을 받들었다고 극찬하였다. 해인사를 창건한 분은 순응과 이정 스님이지만 화엄종을 크게 떨쳐 해인사를 우리나라의 대표적인 사찰로 그 위상을 크게 높인 분은 희랑대사라 할 수 있다.

해인사 대적광전 비로자나불삼존상

경상남도 합천군 가야면 치인리 10 해인사
경상남도 유형문화재 제38호
1972년 2월 12일 지정

해인사 대적광전 비로자나불삼존상은 해인사의 주불전인 대적광전에 모셔진 불상으로 본존불의 높이는 235㎝, 좌·우 협시보살상의 높이는 196㎝이다.

원래 이 비로자나삼존불상은 경상북도 성주군의 금당사(金塘寺)에 봉안되어 있었다고 한다. 그런데 이 절이 폐사되면서 그 말사(末寺)인 가야산 용기사(龍起寺)로 옮겨졌다가 1897년에 범운 스님이 해인사로 모셔와 봉안하였다고 한다. 이때 처

음부터 함께 제작되었던 삼존불을 모두 옮겨왔다고 한다.

본존불인 비로자나불은 왼쪽에는 문수보살을, 오른쪽에는 보현보살을 양 협시로 거느리고 있다. 본존불의 머리는 소라 껍질처럼 생긴 머리카락 모양인 나발이 촘촘하게 표현되었다. 육계의 표현은 불분명하며 이마 위에 반달형의 중앙계주와 머리 정상부에 낮은 원통형의 정상계주가 표현되었다.

얼굴은 사각형으로 반달형의 눈썹에 오뚝한 코, 입가에 살짝 미소가 지어진 전형적인 조선 후기 불상의 모습이다. 목에는 삼도가 형식적으로 표현되어 있다. 법의는 양쪽 어깨에 옷자락이 걸쳐진 통견의 옷차림으로 오른쪽 어깨에 한 자락의 옷이 더 걸쳐져 이중으로 옷을 입은 모습이다.

넓게 파여진 가슴에는 마치 꽃잎같이 도식화된 군의가 표현되어 있어 불상 조각이 형식화한 현상을 살펴볼 수 있다. 자세는 반듯하게 세우지 않고 허리를 약간 굽힌 형태이다. 본존의 수인은 두 손을 가슴 앞으로 모아서 합장을 하고 있는 자세로 왼손이 오른손을 감싸고 있다.

좌우 협시보살상은 본존불과 같은 상호에 똑같은 형식의 법의를 입고 있지만, 높고 화려한 보관과 양쪽 어깨로 흘러내린 보발, 가슴 앞에 드리운 영락 장식, 손에 든 연꽃 가지 등을 통하여 보살상임을 나타내고 있다.

해인사 대적광전 비로자나불삼존상은 정확한 제작연대를 확인할 수는 없으나 법의를 입는 방법, 얼굴과 신체의 표현 수법 등으로 보아 조선 후기에 제작된 불상으로 추정할 수 있다.

해인사 법보전 비로자나불좌상

경상남도 합천군 가야면 치인리 10 해인사
경상남도 유형문화재 제41호
1972년 2월 12일 지정

이 불상은 현재 해인사 대적광전 좌측에 새로 지은 대비로전(大毘盧殿)에 봉안되어 있다. 1972년 경상남도 유형문화재 제41호로 지정된 이 불상은 원래 조선 초기에 제작된 목조불상으로 추정해왔다. 그런데 2005년 7월 4일 이 불상이 통일신라시대 목조불상이라는 것을 입증하는 명문(銘文)이 공개되면서 불교계와 미술사학계에 큰 파문을 일으켰다. 그리고 기존에 해인사 대적광전에 있던 지권인을 취하고 있는 단독의 비로자나불상과 생김새와 규모가 거의 같다는 것에 주목하여 두 불상이 같은 시기에 제작된 불상으로 추정하는 주장이 나왔다.

그리하여 2007년 해인사에 대비로전을 새로 지어 한 쌍의 목조비로자나불좌상을 안치하게 되었다. 원래 법보전과 대적광전에 있던 두 불상을 한 전각 안에 함께 봉안하게 된 것이다.

이 불상은 불상에 다시 금칠을 하는 개금 과정에서 중화(中和) 3년883에 제작됐다는 묵서명 연기문(緣起文)을 발견하여 제작연대를 알게 되었다. 당 희종 연호인 중화 3년은 신라로서는 제49대 헌강왕875~886 재위 9년째에 해당한다. 묵서명이 발견됨에 따라 이 비로자나불상은 해인사 역사와 함께 해온 신라 목조불상으로 드러났다. 이 묵서명은 두 줄에 걸쳐

모두 31자로 적혀 있었으며 판독 내용은 다음과 같다.

오른쪽 줄 17자 誓願大角干主(?)燈身賜彌右座妃主燈身●(?)

왼쪽 줄 14자 中和三年癸卯此像夏節柒(?)金着(또는 著)成.

이 가운데 왼쪽 줄을 통해 이 불상이 '중화 3년 계묘년의 여름철'에 완성했음이 밝혀진 것이다. 하지만 일부 글자에 대한 판독이 불확실한 데다 이두와 구결 등의 이른바 신라식 한문이어서 현장 공개에 참석한 전문가들도 전체적인 의미에 대해서는 즉답을 피했다.

첫 문장 중간 '사미(賜彌)'는 존칭의 의미가 들어간 'ㅇㅇ시니'에 해당하는 신라식 표현일 것으로 판단하여 "맹서하며

원하옵나니, 대각간께서 등신(燈身)하시어 (?)하시며, 오른쪽 또 다른 불상은 (왕)비께서 등신하시어 (?)하셨으니" 정도의 뜻이 되지 않을까 추정하고 있다. '등신'이란 글자 그대로 몸을 등불에 태울 정도로 치성을 바친다는 뜻으로 해석 가능할 것으로 보인다.

왼쪽 줄 마지막 세 글자는 '금착성(金着成)', 즉 금칠을 해서 완성했다는 의미로 보지만 '김저성(金著成)'이라는 사람 이름일 가능성도 제기되었다.

높이 1.25m인 이 비로자나불 좌상은 얼굴은 갸름한 편이고 귀는 어깨까지 길게 내려오며 목에는 3개 주름인 삼도가 뚜렷하다. 불상이 입고 있는 옷은 왼쪽 어깨에만 걸쳐 있고, 주름은 평행 계단식으로 표현되었다. 손은 왼손 검지를 오른손으로 감싸고 있는 지권인으로서 비로자나불이 취하는 일반적인 손 모양을 하고 있다. 법보전에 모셔져 있을 때 이 비로자나불상 좌우에는 각각 높이 47cm 가량 되는 문수보살과 보현보살이 배치되어 있었다.

이 비로자나불상에 대한 학술적 연구성과가 2005년 12월 10일 '해인사 비로자나불 학술강연회'에서 발표되었다. 미술사적 연구(강우방 이화여대 교수), 역사적 연구(김상현 동국대 교수), 목재에 대한 과학적 분석(박상진 경북대 교수), 묵서해독(남풍현 전 고문서학회장) 등 종합적인 연구를 통해 불상의 제작연대가 9세기라는 심증이 굳어지게 되었다.

한편 이 불상의 명문이 발견되었을 때 명문 속의 대각간은 각간 위홍이며, 법보전과 대적광전에 있던 두 비로자나불상은 진성여왕이 각간 위홍을 위해 조성됐으며, 이 불상들은 위홍과 진성여왕에 해당한다는 설까지 제기됐다. 심지어는 이들의 사랑이 영원하기를 바라는 것이라는 주장도 나왔다.

그러나 통상 사후에 발원의 의미로 불상을 조성하기 때문에 883년은 아직 이 두 사람이 살아있는 시기이므로 이 불상들과 위홍·진성여왕의 관련성을 말하는 것은 비약이라는 견해가 제시되었다.

이 불상이 지닌 미술사적 가치에 대해서는 풍만한 어깨·팔·얼굴이 8세기 중엽 이후에 나타나 9세기에 유행한 양식으로 경주 석굴암 본존상이나 경주 남산 약수곡 약사여래좌상 등과 닮아 있고, 옷 주름이 매우 사실주의적 혹은 자연주의적으로 세밀하게 표현되어 통일신라시대 불교조각 양식을 잘 반영한 불상으로 평가하였다.

대동사지 석조여래좌상

경상남도 합천군 대양면 백암리 101
경상남도 유형문화재 제42호
1972년 2월 12일 지정

대동사지 석조여래좌상으로 불리는 이 불상이 앉아 있는 자리는 한 눈에 보아도 예전에 절이 있었던 곳이라는 느낌이 든다. 이 절터는 현재 논으로 이용되고 있다. 이 절의 이름을 확실하게 알 수 있는 자료는 없지만 오래전부터 대동사지 또는 백암사지(伯巖寺址)라고 전해지고 있었다. 이 절 이름을 옛 문헌에서 찾아보니 백암사라는 절은 없지만 일연 스님이 편찬한 『삼국유사』에는 백엄사(伯嚴寺)라는 절 이름이 나온다. 백엄사는 초팔현에 위치하며 신라시대에 창건되어 고려시대까지 존속하였다고 한다.

또 지금 경상북도 문경 봉암사에 있는 긍양화상(兢讓和尙)의 탑비인 정진국사탑비(靜眞國師塔碑)에도 긍양 스님이 백엄사에서 10년간을 수행하였다고 기록되어 있다.

그런데 현재 대양면 백암리는 한때 초계현에 속하였던 곳이며, 백암사지로 전하는 절터를 2006년에 발굴조사를 해보니 통일신라시대의 금동불입상과 고려시대의 유물들이 수습되었다. 문헌기록과 함께 발굴조사로 찾은 유물들의 연대로 보아 백암리사지는 『삼국유사』에서 전하고 있는 백엄사와 관련 있는 곳으로 추정할 수 있다.

절터 주변에는 비천상 등이 새겨진 잘 다듬은 석재들이 흩어져 있는데, 절터에 남아 있는 다른 유물의 조각 양식과 매

우 유사하다. 이 절 이름이 실제 기록에 전하는 백엄사라면 이제 대동사지 석조여래좌상이라고 부르는 문화재 명칭도 바뀌어야 하지 않을까 생각된다.

이 불상은 현재 절터 내에 석등과 함께 보존되어 있는데, 높이는 2.53m이다. 팔각형의 연화대좌 위에 결가부좌한 좌상으로 현재 광배는 남아 있지 않으며 불상 전체를 보면 표면이 많이 마모되어 있는 편이다.

불상의 어깨는 비교적 넓게 벌어져 있으며 법의의 형식은 양쪽 어깨를 감싼 통견의 옷차림을 하고 있다. 넓게 트인 가슴에는 내의가 표현되어 있다. 불상의 손 모양을 보면 왼손은 손바닥을 위로 하여 왼쪽 무릎에서 배 쪽을 향해 놓고, 오른손은 손바닥을 아래로 하여 오른쪽 무릎 위에 걸친 항마촉지인의 수인을 취하고 있다. 보통 항마촉지인의 수인을 하고 있으면 석가모니불이 대부분이지만 통일신라시대에는 아미타불도 항마촉지인을 하고 있는 경우가 있어 이 불상의 존명을 정확하게 확인할 수는 없다.

불상의 대좌는 상·중·하단을 갖춘 연화대좌로 상대석에는 위로 향한 연꽃, 하대석에는 아래로 깔린 연꽃이 표현되어 있다. 상대석은 마멸이 심하여 연꽃잎이 희미한 상태이다. 팔각형의 중대석에는 모서리마다 모서리기둥(隅柱)을 조각하였고, 각 면에는 서 있는 자세의 천신과 신장상을 새겼다. 많이 마멸되어 세부적인 모습은 확인하기 어렵지만 천의를 입고 있거나 갑옷을 입은 모습도 보인다.

이 불상은 오랫동안 노천에 방치되어 마멸이 심하지만 균형 잡힌 신체와 단정한 인상의 얼굴, 넓은 어깨와 양감이 잘 표현된 신체, 그리고 안정된 자세에 머리부분과 신체의 비례가 원만한 점 등을 보면 통일신라시대에 조성된 불상으로 추정된다.

죽고리 삼존석불

경상남도 합천군 적중면 죽고리 산 101
경상남도 유형문화재 제338호
1998년 11월 13일 지정

    이 삼존석불은 원래 세워졌던 자리를 알 수 없다. 처음 이 불상을 제작하여 봉안했던 이름 모를 사찰은 폐사 되었을 것이고, 이후 불상은 원래의 자리를 잃고 주변을 떠돌다가 현재는 민가에서 약간 떨어진 숲속에 자리를 잡게 되었던 것이다.

    본존불은 높이가 1.6m이며 3단으로 이루어진 대좌에 결가부좌의 자세로 앉아 있는 불상이다. 여러 번 옮겨 다니느라 대좌의 중대석만 남아 있었는데 최근 연꽃문양을 새긴 상대석과 하대석을 새로 만들어 봉안하였다. 대좌의 중대석은 통일신라시대에 일반적으로 제작되었던 팔각형 평면이 아니고 방형의 형태인데, 네 면에 안상 문양을 새기고 그 안에 정면에는 향로 모양의 공양구를 조각하고, 측면에는 구름 문양 또는 향의 연기를 상징적으로 표현한 듯한 문양을 새겼다.

    이 불상은 오랜 세월 허술하게 방치되다시피 했으므로 본존불의 목은 깨어졌으며, 얼굴 부분은 훼손이 심하지만 이목구비의 형태는 파악할 수 있다. 머리카락은 나발의 형태이고 머리와 육계 사이에는 계주를 꽂았던 구멍이 있다. 목 부분을 보수하면서 이전에 파손되어 알 수 없었던 삼도를 복원하였다. 법의는 오른쪽 어깨를 드러낸 우견편단의 옷차림으로 표현하였다. 이 불상은 손 모양만으로도 어떤 부처님인지 알 수 있다. 이 본존불은 가슴 앞에서 왼손으로 오른손 검지를 감싸

는 지권인을 하고 있다. 이러한 수인을 하고 있는 부처님은 비로자나불이다. 우리나라에서는 9세기 무렵이 지권인을 한 불상이 많이 제작되있다. 그런데 이 본존불은 일반적인 비로자나불과는 달리 손의 위치가 바뀐 지권인을 하였다는 점이 특징이다.

　본존불이 비로자나불이므로 좌우에 서 있는 협시보살은 문수보살과 보현보살이다. 역시 불상에서 가장 약한 부분인 목 부분이 깨어져 보수를 하였으며, 얼굴 부분과 보관을 썼을 것

331

으로 추정되는 머리 부분이 많이 훼손되었다. 보살상들은 천의를 입고 있으며 목에는 세 가닥으로 늘어진 영락을 착용하고 있다.

이 삼존석불은 단독으로 비로자나불상을 제작한 것이 아니라 본존불 좌우에 문수보살·보현보살을 함께 모시고 있는 보기 드문 사례로 평가받고 있다. 본존불은 자세도 안정되고 양감이 풍부한 세련된 조각 기법을 보이고, 협시보살은 다소 자세가 뻣뻣한 느낌은 있지만 천의자락이나 영락을 표현하는 데 있어 매우 섬세한 기교를 보여주고 있다. 이 삼존석불의 제작 시기는 대체로 고려시대 전기로 보고 있다.

참고문헌

〈저서〉

강우방, 1990, 『원융과 조화』, 열화당
거창군사편찬위원회, 1997, 『거창군사』, 거창군
경북대학교 영남문화연구원, 2004, 『거창의 역사와 문화』, 거창군
경상남도, 1995, 『경남문화재대관』-국가지정편-
경상남도, 1995, 『경남문화재대관』-도지정편-
경상남도사편찬위원회, 1988, 『경상남도사』 하권, 경상남도
경상대학교박물관, 2007, 『문화유적분포지도 -의령군』, 의령군
고성군, 1997, 『경남 고성의 문화유적』, 고성군
국립가야문화재연구소, 2009, 『창원의 문화유산』
김리나, 1997, 『한국고대불교조각사연구』, 일조각
김원룡 감수, 1994, 『한국미술문화의 이해』, 예경
동아대학교박물관, 1998, 『문화유적분포지도 -김해시』, 김해시
마산시, 1997, 『마산의 문화유산』, 마산시
마산시사편찬위원회, 1997, 『마산시사』, 마산시
문명대, 1980, 『한국조각사』, 열화당
문명대, 1997, 『한국불교미술사』, 한국언론자료간행회
문화재관리국, 1969, 『문화재대관』-보물 中-
신라대학교박물관, 2006, 『문화유적분포지도 -거창군』, 거창군
양산시, 2006, 『양산의 문화재』, 양산시
양산시시편찬위원회, 2004, 『양산시지』, 양산시
예경산업사, 1984, 『국보』
이태호, 2001, 『한국의 마애불』, 다른세상
중앙일보사, 1979-1997, 『한국의 미』 시리즈
진주시사편찬위원회, 1995, 『진주시사』, 진주시
진홍섭, 1976, 『한국의 불상』, 일지사
창녕군지편찬위원회, 2003, 『창녕군지』, 창녕군

창원대학교박물관, 1995, 『창원시 문화유적정밀지표조사보고서』, 창원시
창원대학교박물관, 2005, 『문화유적분포지도 -창원시』, 창원시
창원대학교박물관, 2006, 『문화유적분포지도 -함안군』, 함안군
창원시사편찬위원회, 1997, 『창원시사』, 창원시
통도사성보박물관, 2004, 『문화유적분포지도 -양산시』, 양산시
통영문화원, 1999, 『통영의 역사와 문화』
통영시사편찬위원회, 1999, 『통영시지』, 통영시
하동군지편찬위원회, 1996, 『하동군지』, 하동군
한국문화유산답사회, 2004, 『답사여행의 길잡이』6 -지리산자락-, 돌베개
한국문화재보호협회, 1986, 『문화재대관』5 -보물 3-, 대학당
함양군지편찬위원회, 1992, 『함양군지』, 함양군
합천문화원, 1995, 『합천군사』
황수영 편, 1984, 『국보』2 -금동불·마애불-, 예경산업사
황수영 편, 1985, 『국보』4 -석불-, 예경산업사

〈논문〉

김길웅, 1989, 「가섭사지 마애삼존불에 대한 고찰」, 『신라문화』 6, 동국대학교 신라문화연구소
문명대, 1978, 「해인사 목조 희랑조사 진영상의 고찰」, 『고고미술』 138, 한국미술사학회
문명대, 1979, 「신라하대불교조각의 연구」, 『역사학보』 73
문명대, 1992, 「지권인비로자나불의 성립문제와 석남암사비로자나불상의 연구」, 『불교미술』 11
문명대, 1994, 「밀양 얼음골 천황사 사자좌 석불좌상」, 『강좌미술사』 6, 한국미술사연구소
박경원, 1967, 「하동 악양의 석조여래입상」, 『고고미술』 78, 고고미술동인회
신영훈, 1963, 「합천 청량사 석조여래좌상의 대좌」, 『고고미술』 38, 고고미술동인회
정영호, 1962, 「밀양 무봉사의 석조광배와 석불좌상」, 『고고미술』 19·20합집,

고고미술동인회

정영호, 1962, 「양산 미타암의 석불입상」『고고미술』 22, 고고미술동인회

정영호, 1963, 「거창군 농산리 및 상천리의 석조불상」『고고미술』 34, 고고미술동인회

정영호, 1963, 「함안 장춘사의 석조약사여래상」『고고미술』 41, 고고미술동인회

정영호, 1964, 「양산 용화사의 석조여래좌상」『고고미술』 47·48합집, 고고미술동인회

지강이, 2005, 「통일신라 하대초기 경상남도지역 불교조각 연구」, 일본 동북대학대학원 문학연구과 박사학위논문

〈기타〉

문화재청 홈페이지(http://www.cha.go.kr)

문화재로 지정된 경남의 불상 목록

지정번호	유물명	주소
〈거제〉		
경상남도 유형문화재 제48호	오량석조여래좌상	사등면 오량리 74-3 신광사
경상남도 유형문화재 제455호	외포리 석조약사여래좌상	일운면 지세포리 1347-1 영은사
경상남도 문화재자료 제325호	세진암 목조여래삼존불좌상	거제면 동상리 270-1,2
〈거창〉		
보물 제377호	양평리 석조여래입상	거창읍 양평리 479-14
보물 제378호	상림리 석조보살입상	거창읍 상림리 696
보물 제530호	가섭암지 마애여래삼존입상	위천면 상천리 산6-2
보물 제1436호	농산리 석조여래입상	북상면 농산리 산53
보물 제1690호	심우사 목조아미타여래좌상	거창읍 대동리 703 심우사
경상남도 유형문화재 제263호	고견사 석불	가조면 수월리 1 고견사
경상남도 유형문화재 제311호	송림사지 석조여래좌상	거창읍 김천리 216-5 거창박물관
경상남도 유형문화재 제322호	강남사지 석조여래입상	위천면 상천리 683
〈고성〉		
경상남도 유형문화재 제121호	양화리 석조여래좌상	대가면 양화리 567 대무량사
경상남도 유형문화재 제122호	교사리 삼존석불	고성읍 교사리 301-4 석불암
경상남도 유형문화재 제475호	보광사 목조대세지보살좌상	고성읍 동외로113번길 31-8 남산보광사
경상남도 문화재자료 제288호	운흥사 명부전 목조각상	하이면 와룡리 442
〈김해〉		
경상남도 유형문화재 제40호	봉화산 마애불	진영읍 본산리 산3-10
경상남도 유형문화재 제78호	초선대 마애석불	안동 685-1
경상남도 유형문화재 제186호	구산동 마애불	구산동 산2
경상남도 유형문화재 제330호	선지사 목조아미타여래좌상 및 복장물 일괄	주촌면 선지리 501
경상남도 문화재자료 제459호	흥부암 석조보살좌상	외동 23-3
경상남도 문화재자료 제475호	모은암 석조아미타여래조상	생림면 생철리 산180
경상남도 문화재자료 제505호	관음정사 소조보살좌상	진례면 신안리 900

〈남해〉

경상남도 유형문화재 제74호	용문사 석불	이동면 용소리 868
경상남도 유형문화재 제426호	용문사 목조지장시왕상	이동면 용소리 868
경상남도 유형문화재 제428호	용문사 목조사천왕상	이동면 용소리 868
경상남도 유형문화재 제446호	용문사 목조아미타삼존불좌상	이동면 용소리 868
경상남도 유형문화재 제497호	화방사 석조석가삼존십육나한상	고현면 대곡리 1448
경상남도 문화재자료 제333호	망운암 석조보살좌상	남해읍 아산리 1413-1

〈밀양〉

보물 제493호	무봉사 석조여래좌상	내일동 37
보물 제1213호	천황사 석조비로자나불좌상	산내면 남명리 산95-8
경상남도 유형문화재 제387호	영산정사 석조여래좌상	무안면 가례리 1285
경상남도 유형문화재 제457호	표충사 목조삼존여래좌상	단장면 구천리 23
경상남도 유형문화재 제458호	표충사 석조석가여래좌상	단장면 구천리 23
경상남도 유형문화재 제459호	표충사 목조지장상 및 석조시왕상	단장면 구천리 23
경상남도 유형문화재 제460호	표충사 목조관음보살좌상	단장면 구천리 23
경상남도 유형문화재 제461호	표충사 석조지장보살반가상	단장면 구천리 23
경상남도 유형문화재 제476호	부은사 석조아미타불좌상	삼랑진읍 안태리 823
경상남도 유형문화재 제477호	여여정사 목조관음보살좌상	삼랑진읍 행곡리 1058

〈산청〉

보물 제1021호	석남암사지 석조비로자나불좌상	삼장면 대포리 582 내원사
경상남도 유형문화재 제29호	단계리 석조여래좌상	신등면 단계리 784
경상남도 유형문화재 제209호	도전리 마애불상군	생비량면 도전리 산61-1
경상남도 유형문화재 제310호	심적사 나한전 석불상	산청읍 지리 1127
경상남도 유형문화재 제373호	율곡사 목조아미타여래삼존불좌상	신등면 율현리 1034
경상남도 문화재자료 제314호	정취암 목조관음보살좌상	신등면 양전리 927-2

〈양산〉

보물 제491호	용화사 석조여래좌상	물금읍 물금리 595
보물 제998호	미타암 석조아미타여래입상	웅상읍 소주리 산171-2
경상남도 유형문화재 제40호	가산리 마애어래입상	동면 금산리 산3-2
경상남도 유형문화재 제96호	호계리 마애불	호계동 산55 호계마을
경상남도 유형문화재 제104호	청동여래좌상, 청동사리탑	하북면 지산리 583 통도사

경상남도 유형문화재 제106호	청동여래입상	하북면 지산리 583 통도사
경상남도 유형문화재 제430호	원효암 석조약사여래좌상과 복장유물	상북면 대석리 산6-1
경상남도 유형문화재 제431호	원효암 마애아미타삼존불입상	상북면 대석리 산6-1
경상남도 유형문화재 제493호	법천사 석조여래좌상	동면 금산리 105
경상남도 문화재자료 제342호	내원사 석조보살조상	하북면 용연리 291
경상남도 문화재자료 제383호	극락암 석조관음보살좌상	하북면 지산리 583 통도사 극락암
경상남도 문화재자료 제387호	천태정사 목조아미타여래좌상 및 복장유물	원동면 용당리 산1003

〈의령〉

경상남도 유형문화재 제6호	중교리 석조여래좌상	정곡면 중교리 석조여래좌상
경상남도 유형문화재 제416호	백련암 목조보살좌상과 복장유물 일괄	가례면 개승리 792
경상남도 유형문화재 제417호	수도사 석조아미타여래삼존상과 복장유물 일괄	용덕면 이목리 636
경상남도 문화재자료 제424호	천지사 석조여래좌상	칠곡면 내조리

〈진주〉

보물 제371호	산청 사월리 석조여래좌상	망경남동 567, 1673 금선암
보물 제1232호	청곡사 목조 제석천, 대범천의상	금산면 갈전리 18
보물 제686호	월명암 목조아미타여래좌상	미천면 안간리 산200
보물 제1687호	응석사 목조석가여래삼불좌상	집현면 정평리 741
보물 제1688호	청곡사 목조석가여래삼존좌상	금산면 갈전리 18
보물 제1689호	청곡사 목조지장보살삼존상 및 시왕상 일괄	금산면 갈전리 18
경상남도 유형문화재 제4호	용암사지 석불	이반성면 용암리 219
경상남도 유형문화재 제67호	평거석조여래좌상	평거동 391
경상남도 유형문화재 제236호	고산암 석조비로자나불좌상	수곡면 원내리 68 한산사
경상남도 유형문화재 제348호	청곡사 금강역사상	금산면 갈전리 18
경상남도 유형문화재 제350호	성전암 목조여래좌상	이반성면 장안리 산31
경상남도 유형문화재 제462호	연화사 목조아미타여래좌상	옥봉동 449-1
경상남도 문화재자료 제271호	상평동 석조여래입상	상평동 217-1 삼현여고

〈창녕〉

보물 제75호	송현동 마애여래좌상	창녕읍 송현리 105-4
보물 제227호	인양사 조성비	창녕읍 교리 294
보물 제295호	관룡사 용선대 석조여래좌상	창녕읍 옥천리 산328
보물 제519호	관룡사 석조여래좌상	창녕읍 옥천리 292

경상남도 유형문화재 제9호	구계리 석조여래좌상	영산면 구계리 산1264-4
경상남도 유형문화재 제46호	감리 마애여래상	고암면 감리 산64
경상남도 유형문화재 제116호	사리 석조광배	계성면 사리 218-1
경상남도 유형문화재 제374호	통도사 창녕 포교당 목조석가여래좌상	창녕읍 말흘리 123-2
경상남도 유형문화재 제414호	삼성암 목조관음보살조상	계성면 산60-1
경상남도 유형문화재 제437호	도성암 석조아미타여래좌상	창녕읍 송현리 8
경상남도 유형문화재 제463호	청련사 목조아미타삼존여래좌상	계성면 사리 852
경상남도 문화재자료 제20호	석불사 석불입상	창녕읍 말흘리 산20-3
경상남도 문화재자료 제21호	관음사 미륵존불상	도천면 송진리 562

〈창원〉

보물 제436호	불곡사 석조비로자나불좌상	대방동 1036-2
경상남도 유형문화재 제43호	용화전 석조여래좌상	외동 853-7
경상남도 유형문화재 제98호	삼정자동 마애불	삼정자동 48-2
경상남도 유형문화재 제335호	성주사 관음보살입상	천선동 산213-2
경상남도 유형문화재 제440호	마산 광산사 목조보살좌상	내서읍 신감리 474
경상남도 유형문화재 제472호	마산 법성사 목조보살좌상	마산회원구 회원1동 139-17
경상남도 유형문화재 제473호	봉림사 목조관음대세지보살좌상	의창구 봉림동 산139-9
경상남도 유형문화재 제500호	성주사 석조석가삼존십육나한상	천선동 산213-2
경상남도 유형문화재 제501호	성주사 석조지장시왕상	천선동 산213-2
경상남도 문화재자료 제450호	봉림사 석조여래좌상	의창구 봉림동 산139-9

〈통영〉

경상남도 유형문화재 제364호	용화사 목조지장시왕상	봉평동 404
경상남도 유형문화재 제438호	용화사 석조관음보살좌상	봉평동 404
경상남도 유형문화재 제465호	약수암 목조아미타여래좌상	도천동 414-4
경상남도 유형문화재 제409호	안정사 석조석기삼존십육나한상	광도면 안정리 1888
경상남도 유형문화재 제490호	안정사 목조지장시왕상	광도면 안정리 1888
경상남도 문화재자료 제379호	미륵불사 석조보살좌상	광도면 황리 1466

〈하동〉

보물 제1378호	쌍계사 목조석가여래삼불좌상 및 사보살입상	화개면 운수리 208
경상남도 유형문화재 제45호	정서리 석조여래입상	악양면 정서리 산98-5
경상남도 유형문화재 제136호	이명산 마애석조여래좌상	북천면 직전리 산74-1

경상남도 유형문화재 제290호	하동 금오산 마애불	금남면 중평리 산100-3
경상남도 유형문화재 제413호	쌍계사 사천왕상	화개면 운수리 208
경상남도 문화재자료 제48호	쌍계사 마애불	화개면 운수리 208
경상남도 문화재자료 제245호	청룡리 석불좌상	옥종면 청룡리 119-3
경상남도 문화재자료 제372호	금성사 목조보살좌상	진교면 교룡리 산80
경상남도 문화재자료 제492호	금봉사 소장 동조보살좌상	악양면 신흥리 3

〈함안〉

보물 제71호	대산리 석조삼존상	함안면 대산리 1139
보물 제159호	방어산 마애약사여래삼존입상	군북면 하림리 131
경상남도 유형문화재 제7호	장춘사 석조여래좌상	칠북면 영동리 산2

〈함양〉

보물 제375호	덕전리 마애여래입상	마천면 덕전리 768-6 고담사
보물 제376호	교산리 석조여래좌상	함양읍 교산리 217 함양중학교
보물 제1691호	법인사 목조아미타여래좌상	안의면 금천리 177-3
경상남도 유형문화재 제32호	이은리석불	함양읍 운림리 354-1
경상남도 유형문화재 제33호	승안사지 석조여래좌상	수동면 우명리 산10
경상남도 유형문화재 제44호	극락사지 석조여래입상	서상면 옥산리 377
경상남도 유형문화재 제318호	용산사지 석조여래입상	함양읍 운림리 289 보림사
경상남도 유형문화재 제319호	대덕리 마애여래입상	함양읍 대덕리 159-7
경상남도 유형문화재 제333호	대대리 마애여래입상	안의면 대대리 산30-1
경상남도 유형문화재 제380호	용추사 지장시왕상	안의면 상원리 962
경상남도 유형문화재 제444호	안국사 목조아미타여래좌상	마천면 가흥리 1131
경상남도 유형문화재 제456호	상연대 목조관음보살좌상	백전면 백운리 78-1
경상남도 유형문화재 제498호	백운암 목조아미타여래좌상	백전면 백운리 산 51-5
경상남도 유형문화재 제504호	도솔암 목조관음보살좌상	마천면 삼정리 도솔암
경상남도 문화재자료 제429호	안국사 목조관음보살좌상	마천면 가흥리 1131

〈합천〉

보물 제222호	치인리 마애여래입상	가야면 치인리 산1-1
보물 제264호	해인사 석조여래입상	가야면 치인리 산1-1
보물 제265호	청량사 석조여래좌상	가야면 황산리
보물 제999호	해인사 건칠희랑대사좌상	가야면 치인리 10

경상남도 유형문화재 제38호	해인사 대적광전 비로자나불삼존상	가야면 치인리 10
경상남도 유형문화재 제41호	해인사 법보전 비로자나불좌상	가야면 치인리 10
경상남도 유형문화재 제42호	대동사지 석조여래좌상	대양면 백암리 101
경상남도 유형문화재 제338호	죽고리 삼존석불	적중면 죽고리 산101
경상남도 유형문화재 제485호	희랑대 목조지장보살좌상	가야면 치인리 10
경상남도 유형문화재 제506호	고불암 동조보살좌상	가야면 치인리 329-5